Thomas Steensen · Hans-Peter Ziemek

Kleines Hallig-ABC

Fotografien von Günter Pump

Husum

Allgemeines

Die Halligen im nordfriesischen Wattenmeer bilden einen weltweit einmaligen Natur- und Kulturraum. Ihr grünes Marschland liegt nur wenig über dem Meeresspiegel. Es ist nicht von hohen Deichen, sondern, wenn überhaupt, nur von niedrigen „Sommerdeichen" umgeben. Bei höheren Wasserständen, je nach Hallig zwischen fünf und vierzig Mal im Jahr, kommt es zu Überschwemmungen, dem →*Landunter*. Nur die →*Warften* mit den Häusern ragen dann aus dem Wasser hervor. Darin besteht der wichtigste Unterschied zu einer „normalen" Insel.

Die Halligen sind als Siedlungsland im erdgeschichtlichen Maßstab sehr jung und gehören wohl zu den jüngsten Inseln überhaupt. Sie sind „Kinder" von →*Sturmfluten*. Acht der heute noch bestehenden Halligen wuchsen nach der verheerenden „Mandränke" von 1362, der „Rungholt-Flut", auf. Nordstrandischmoor und die Hamburger Hallig bilden Überreste der in der zweiten „Mandränke" von 1634 zerstörten Insel Alt-Nordstrand.

Die stark bedrohten Halligufer wur-

den ab den 1890er-Jahren durchgängig mit Steinen befestigt. So tragen die kleinen Eilande als Wellenbrecher zum Küstenschutz bei. Die Hamburger Hallig, Nordstrandischmoor, Oland und

Ockelützwarft auf Hallig Hooge

Langeneß wurden durch →*Dämme* zum Festland gesichert. Die Aufnahme des Halligschutzes in das „Programm Nord" führte vor allem in den 1960er-Jahren zu einer Erhöhung und Befestigung der Warften. Angesichts des →*Klimawandels* stellt sich hier eine wichtige Zukunftsaufgabe.

Die Halligbewohner waren auf nachhaltiges Wirtschaften angewiesen, als dieses Wort noch gar nicht erfunden war. Die →*Landwirtschaft* beschränkte sich auf die Nutzung des Graslandes, sie wird heute fast nur noch als Nebenerwerb betrieben. Das Trinkwasser für Mensch und Tier gewann man durch ein ausgeklügeltes System mit →*Fething* und Sood, als Heizmaterial dienten aus Dung gewonnene →*Ditten*. Im 17./18. Jahrhundert suchten

viele Männer ihren Broterwerb in der →*Seefahrt* und insbesondere im Walfang. Die Schifffahrt ist bis heute ein wichtige Thema der Halligwelt. In der Gegenwart arbeiten viele Halligbewohner beim Landesbetrieb für Küstenschutz, Nationalpark und Meeresschutz (LKN). Vor allem seit den 1950er-Jahren wurden die Halligen als Ziele des →*Tourismus* entdeckt. Die Zahl der Übernachtungen liegt bei rund 70 000 im Jahr. Hinzu kommen weit über 100 000 Tagesbesucher. Um die Menschen auf den Halligen zu halten, werden aber auch Zu-

wendungen der öffentlichen Hand benötigt. Die 1990 gegründete Stiftung Nordfriesische Halligen hat es sich zum Ziel gesetzt, die einmalige Natur- und Kulturlandschaft zu fördern. Dazu gehört auch die Idee, neue Arbeitsplätze zu schaffen.

Im Jahre 1769 zählte man mehr als 2 000 Halligbewohner, 1835 nur noch 695. In den 1950er-Jahren sank die Zahl auf rund 350. In der Gegenwart liegt die Einwohnerzahl bei etwa 270. Es gibt etwa 40 Warften mit rund 150 Häusern. Ein Teil davon befindet sich im Besitz Auswärtiger, die sich zumeist nur zeitweise auf den Halligen aufhalten.

Seit 1985 sind Habel, die Hamburger Hallig, Norderoog, Südfall und Süderoog Teil des →*Nationalparks Schleswig-Holsteinisches Wattenmeer*, das die UNESCO, die Organisation der Vereinten Nationen für Bildung und Kultur, 2009 überdies als Weltnaturerbe auszeichnete. Die Halligen Langeneß, Hooge, Gröde, Oland und Nordstrandischmoor bilden seit 2004 als →*Biosphäre Halligen* die Entwicklungszone des Biosphärenreservates Schleswig-Holsteinisches Wattenmeer und Halligen.   ts/hpz

Allmende

Das Halligland wurde ursprünglich in der Form der Allmende bewirtschaftet, es befand sich also im Besitz der Allgemeinheit. Nur die Häuser und Hofplätze auf den Warften waren Privateigentum. Zu jeder Warft gehörten bestimmte „Fennen", die als Weidefläche genutzt wurden, und ein Stück „Meedeland", das der Gewinnung von Heu diente. Die Bewohner der einzelnen Warften waren jeweils in einem „Bohl", einer Interessengemeinschaft, zusammengeschlossen. Die Anteile daran konnten vererbt und zum Beispiel auch verpachtet werden. Fast alle Bohle reichten an einer Seite bis zur Abbruchkante der Hallig, sodass sich der fortschreitende Landverlust annähernd gleich auswirkte. Die zu einem Bohl gehörenden Fennen wurden gemeinsam beweidet, wobei jedes Bohlsmitglied bestimmte Anteile besaß, die in „Notsgras" bemessen wurden. Dies entsprach dem Futterbedarf für eine Kuh, das friesische Wort „nuat" bedeutet Rind. Auf Hooge war ein „Notsgras" so viel wert wie sechs „Kalbsgras" und acht „Lammsgras". Die Flächen des Meedelandes, auf denen Gras für die Winterfütterung der Tiere gemäht wurde, gehörten ebenfalls jeweils zu einem Bohl. Sie waren aufgeteilt in mehrere Fluren und diese wiederum in kleinere Abschnitte, „Schiffte" genannt. Die äußerste Akribie der Vermessung zeigt, wie kostbar das Meedeland zur Heugewinnung für die Halligbewohner war. Beim Abstecken der Anteile bediente man sich eines „Meedschifftestocks", auch „Rutenstock" genannt, der in acht Ellen, 32 Quartiere und 192 Daumen unterteilt war. Nach dem Rutenstock der Ockelützwarft entsprach eine Rute 4,58 Metern, der Rutenstock der Hanswarft war, so berichtet Hans Joachim Kühn, sechs Millimeter länger. Die „Schifften" wurden in jedem Jahr nach einem äußerst komplizierten Verfahren so verteilt, dass jeder Halligbewohner einmal gutes und ein anderes Mal schlechteres „Meedeland" bewirtschaftete.

Als im endenden 19. Jahrhundert der →*Halligschutz* begann und durch den Bau von Sommerdeichen und Steinkanten die Landfläche konstant blieb, entfiel großenteils die innere Berechtigung der Allmende. Es kam zu heftigen Debatten, ob das Land in Privatbesitz übergehen solle, wie es Wil-

Salzwiese auf Langeneß

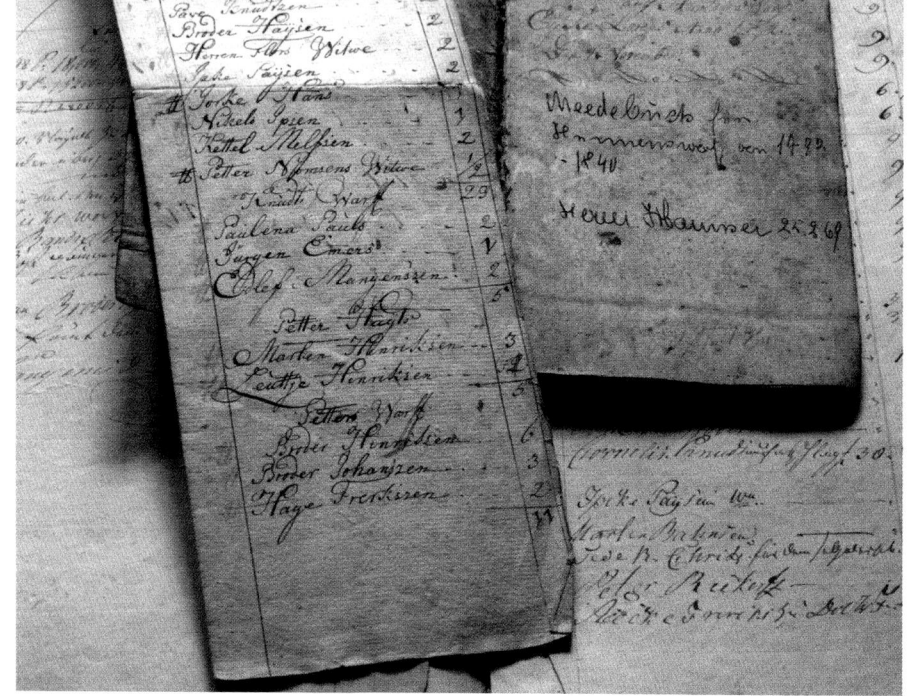

Das Meedebuch von 1772 bis 1840 von der Hallig Langeneß, zu sehen in der Friesenstube auf der Honkenswarf.

helm →*Lobsien* in seinem Roman „Landunter" beschreibt. Im Jahr 1921 regte der Regierungspräsident in Schleswig bei der Landeskulturbehörde die Aufhebung des gemeinschaftlichen Eigentums auf Hooge an. Aber ein großer Teil der Halligbauern stand dem ablehnend gegenüber. Erst 1935 begann die Reform. Dies bedeutete eine Abkehr von Arbeitsabläufen und Bräuchen, die jahrhundertelang das Halligleben bestimmt hatten. Auf der größten Hallig, Langeneß, wurde die Allmende erst 1957 endgültig aufgehoben. Heute gibt es sie nur noch auf der Hallig Gröde.   ts

Hans Christian Andersen

Der dänische Dichter Hans Christian Andersen (1805–1875) wurde durch Märchen wie „Des Kaisers neue Kleider", „Die Prinzessin auf der Erbse" oder „Das hässliche Entlein" weltberühmt. 1844 kam er als Gast des dänischen Königs Christian VIII. nach Föhr und war fasziniert von der Nordsee.

Mit dem königlichen Dampfschiff „Kiel" unternahmen das Königspaar und etwa 50 Begleitpersonen, darunter Andersen, einen Tagesausflug nach Oland.

Aus Andersens Lebenserinnerungen

wird deutlich, wie sehr die Halligwelt den Dichter beeindruckte: „Die großen Wellen haben das Festland in Inseln verwandelt, diese wieder zerrissen und Menschen und Dörfer begraben; Jahr für Jahr werden neue Stücke fortgerissen, und nach einem halben Jahrhundert wird hier nur Meer sein. Die Halligen sind jetzt nur flache Inselchen mit einer dunkeln Rasendecke, wo einige Schafherden grasen; steigt das Meer, so werden diese auf den Boden des Hauses hinaufgetrieben und die Wogen wälzen sich über das kleine Land, welches meilenweit von der Küste entfernt liegt. Oland, welches wir besuchten, enthält eine kleine Stadt, die Häuser dicht beisammen, als wollten auch diese sich in der Not dicht aneinander schließen."

Die Eindrücke des Ausflugs verarbeitete er im zweiten Teil seines 1848 erschienenen Romans „Die beiden Baroninnen", der mit ausführlichen Erläuterungen 2017 neu herausgegeben wurde. Schöner ist die Halligwelt in der →Literatur kaum je beschrieben worden.   ts

Außensände

Westlich von den Halligen →*Hooge* und →*Norderoog* erstrecken sich mehrere weitläufige Sandbänke: der Japsand, der Norderoogsand und der Süderoogsand. Sie bilden die Begrenzung des nordfriesischen Wattenmeers zur offenen Nordsee. Diese Sände sind etwa 25 Kilometer vom Festland entfernt und stellen die erste Barriere gegen die Nordseewellen dar.

Sie umfassen eine Fläche von 30 Quadratkilometern. Bei normalem Hochwasser werden sie nicht überflutet. Im Herbst und →*Winter* überrollt das Wasser die Sände allerdings bei starken Stürmen und →*Sturmfluten.*
Die Außensände sind einer ständigen Dynamik durch Sandablagerungen und Sandaufspülungen unterworfen. Sie sind kaum bewachsen. Eine Ausnahme bildet der Norderoogsand, auf dem sich seit den 1990er-Jahren im-

Weitläufige Sandbänke

mer mehr Pflanzenarten ansiedeln. In seinem nördlichen Abschnitt entwickeln sich seit 1999 zudem immer höhere Dünen, inzwischen bis zu einer Höhe von vier Metern. Ihre Entstehung wurde durch einige Winter mit ruhigerem Wetter begünstigt. Die Dünen bieten mehr als 90 Pflanzenarten Halt und Windschutz, verschiedene Vogelarten finden hier einen geschützten Lebensraum für die Brut. Neben Graugänsen zieht hier auch ein Wanderfalkenpaar seine Jungen groß. Der gesamte Norderoogsand ist 6 Kilometer lang und bis zu 2,5 Kilometer breit.

Süderoogsand ist mit 7 Kilometer Länge und bis zu 4 Kilometer Breite der größte der drei Sände. Er liegt südwestlich der Insel Pellworm und besitzt als einziger Außensand ein Bauwerk. Im nördlichen Teil ließ die preußische Verwaltung 1867 eine Leuchtbake mit Schutzraum bauen, da es immer wieder zu Strandungen in den schwer befahrbaren Gewässern kam. Das mehrfach erneuerte Bauwerk ist bei klarer Sicht von Pellworm aus am Horizont gut zu erkennen.

Der Japsand liegt westlich von Hallig Hooge und ist mit knapp 3 Quadrat-

Die Bake Süderoogsand. Nächste Seite: Der Norderoogsand und der Japsand

kilometern der kleinste der Außensände. Seine Nordspitze wird von dem Ausflugsschiff „Hauke Haien" während der Sommersaison regelmäßig angefahren. Es werden aber auch während der Saison von der Schutzstation Wattenmeer fast täglich Wanderungen von Hooge zum Japsand angeboten.

Wanderung von Hooge auf den Japsand

Der Südteil des Japsands und die beiden anderen Sände gehören zur Schutzzone 1 (Kernzone) des →*Nationalparks* und dürfen nicht betreten werden. Die Pellwormer Familie Hellmann organisiert auf Anfrage Fahrten mit ihrem Schiff „Gebrüder" zur südöstlichen Kante des Norderoogsands.

Die drei Außensände galten vor der Gründung des Nationalparks als eher nutzlose Fläche. Heute sind die großen Außensände einer der wichtigsten Bereiche des Nationalparks. →*Seehunde* haben hier eine Ruhefläche während der Flut. →*Zugvögel* können ungestört auf Nahrungssuche gehen und rasten.

Die Zukunft der Sände wird von der hohen Dynamik der Wattveränderung und vom →*Klimawandel* geprägt sein. Derzeit „wandern" alle drei Sände durch Sandverlagerungen im Jahr rund 30 Meter Richtung Osten. Hinzu kommt die Verwandlung des nördlichen Teils von Norderoogsand hin zu einer Insel. Dabei handelt es sich um Entwicklungen, die im Nationalpark unter dem Leitmotto „Natur Natur sein lassen" bewusst ohne menschliche Einmischung stattfinden sollen.   hpz

Bienen

Auf den größeren Halligen kann man während der Sommermonate bunte Kästen auf den Wiesen sehen. Dabei handelt es sich um sogenannte Belegstellen, die zur Zucht von reinrassigen Honigbienen aufgestellt werden. Sie dienen weniger der Honiggewinnung als vielmehr der Vermehrung bestimmter leistungsstarker Bienenzuchtlinien. Organisiert werden die Belegstellen von privaten Imkervereinen und Berufsimkern.

In jedem Kasten befindet sich eine junge Königin. Zusammen mit etwa 1000 Arbeitsbienen bildet sie ein „Gattenvolk". In einiger Entfernung befinden sich geschlechtsreife männliche Bienen (Drohnen) derselben Rasse, die von der Königin während ihrer „Hochzeitsflüge" mehrfach aufgesucht werden. Die Königin paart sich während dieser zwei- bis dreiwöchigen Periode mit 10 bis 15 Drohnen.

Der Standort einer solchen Belegstation auf einer Hallig bietet sich an, da die gleichzeitige Begattung der Bienenköniginnen durch verschiedene Bienenrassen ausgeschlossen wird. Denn Bienen fliegen vom Festland nicht bis zu den Halligen und auf den Halligen werden zurzeit keine Bienen gehalten. Vergleichbare Belegstationen gibt es auf einigen ostfriesischen Inseln und in verschiedenen Bergregionen. Die Belegstationen auf →Langeneß, Hooge, Nordstrandischmoor und der →Hamburger Hallig haben eine lange Tradition und tragen zum Erhalt der Biodiversität der Honigbiene bei.   hpz

Bienenstöcke auf der Hamburger Hallig

Biikebrennen

„Biike" ist friesisch und bedeutet Feuerzeichen. Am 21. Februar werden an vielen Orten Nordfrieslands, auch auf einigen Halligen, Reisighaufen entzündet, meterhoch lodern die Flammen in den Himmel, viele Menschen stehen an den wärmenden Feuern. Das Biikebrennen gehört zu den auch andernorts abgebrannten Frühlingsfeuern. Man freute sich darüber, dass der Winter verging und die Tage wieder länger wurden, wollte vielleicht auch böse Geister der Dunkelheit vertreiben und um die Fruchtbarkeit der neuen Aussaat bitten.

Gefeiert wird das Biikebrennen am 21. Februar, dem Vorabend des Petritages, ein einst wichtiger Thing- und Gerichtstag. Fiel dieser aber früher in die Fastenzeit, dann wurden die Biiken vorher entzündet. Man könnte also von einer friesischen Spielart des Karnevals sprechen, vor Beginn des Fastens wollte man noch einmal feiern. Seit etwa hundert Jahren ist der 21. Februar der feste Termin.

Das Biikebrennen, wie es heute gefeiert wird, geht großenteils auf den Sylter Chronisten Christian Peter Hansen (1803–1879) zurück. Manches von dem, was er als Tatsache darstellte, stimmt mit der historischen Wirklichkeit nicht überein, wird jedoch noch heute als bare Münze ausgegeben. So heißt es immer wieder, das Biikebrennen sei ein heidnisches Opferfeuer für die germanische Gottheit Wotan gewesen, doch dafür gibt es keinerlei Anhaltspunkte. Häufig ist zu hören, die Biiken hätten zum Abschied für die Walfänger gebrannt, die an diesem Tag aufbrachen. Auch dies hat mit der Realität wenig zu tun. Sie ist wohl entstanden aus einem Bericht von 1760, dass die Sylter Seeleute sich am Petritag in Keitum versammelten und dabei auch vereinbarten, wann sie lossegeln wollten.

Die Form der Feier war nicht immer gleich. Früher trug man Stangen mit brennendem Stroh oder Tonnen herum, wohl erst seit etwa 1900 gibt es die „stationäre" Biike. Als Brennmaterial dienen heute großenteils ausrangierte Tannenbäume. Seit den 1970er-Jahren, als europaweit neues Interesse an den regionalen Kulturen und den kleinen Sprachen erwachte, breitete sich der →*Brauch* auch auf dem Festland erneut aus.

Das Biikebrennen ist zu einem Kristallisationspunkt friesischer Kultur geworden. Es hat manche Wandlung erfahren, dies gilt aber auch für jeden anderen Brauch, der Lebenskraft besitzt. Wohl kein nordfriesischer Brauch ist so attraktiv und so bekannt. 2014 wurde er von der UNESCO in die Liste des immateriellen Kulturerbes in Deutschland aufgenommen. ts

Biosphäre Halligen

Seit 2004 sind die Halligen Teil des Biosphärenreservates Schleswig-Holsteinisches Wattenmeer und Halligen. Das Gebiet ist über 4000 Quadratkilometer groß.

Biosphärenreservate gibt es in der ganzen Welt. In Deutschland ist beispielsweise die Rhön schon seit 1991 ein Biosphärenreservat. In diesen Kultur- und Naturlandschaften soll die besondere Eigenart der Region erhalten bleiben. Es soll aber auch den dort lebenden Menschen die Möglichkeit geben, eine für die Region nachhaltige wirtschaftliche Grundlage für ihr weiteres Leben und das ihrer Kinder zu entwickeln. Die Biosphäre liegt mitten im →*Nationalpark Wattenmeer.* Die Nationalparkverwaltung ist zuständige Fach- und Verwaltungsbehörde.   hpz

Von unten nach oben: die Halligen Norderoog, Hooge, Langeneß und die Insel Föhr

Bräuche

Mancher nordfriesische Brauch hat sich auf den Halligen erhalten. Am bekanntesten ist das →*Biikebrennen*. Vor allem auf →*Hooge* wird das Boßelspiel betrieben. Es gilt, eine mit Blei gefüllte Holzkugel möglichst weit zu schleudern. Beim „Boßelball" am Abend wird ausgiebig gefeiert.

Zu Weihnachten stellt man sich seit dem 19. Jahrhundert einen „Weihnachtsbogen" ins Wohnzimmer, geschmückt mit Immergrün, Rosinenketten und rot bemaltem Gestaltengebäck aus hellem Teig, „Kindjestüch" genannt. Auf Friesisch heißt das Gestell aus Holz „Kinkenbuum". Um 1900

Rummelpott

hielt der vom Festland geholte Tannenbaum Einzug. Mal wurde er zu Fuß übers Watt transportiert, mal mit der Lore über den →*Damm*, mal mit dem Postschiff. Auf Hooge erzählte man sich, der erste Tannenbaum sei 1884 angetrieben und von einem Halligmann gefunden worden. Zunächst habe man nichts damit anzufangen gewusst, aber dann fand er den Weg in eine Halligstube. In der Kirche auf Oland stand 1902 erstmals ein Tannenbaum. Der „Kinkenbuum" geriet fast in Vergessenheit und fristete, in Kar-

Kindjestüch

Weihnachtsbogen

„Robbert und Kindjen" über die Hallig, wohl abgeleitet von Ruprecht und dem Christkind. Die Kinder sagten ein Gedicht auf und bekamen ein kleines Geschenk. Auf Langeneß wurde der Brauch um 2000 wiederbelebt. Zu Silvester laufen die Kinder „Rummelpott", sie verkleiden sich, ziehen von Haus zu Haus, singen ein plattdeutsches Lied und erhalten dafür Süßigkeiten, die traditionellen „Futtjes" oder etwas Geld. Gern isst man an den Festtagen →*Knerken*. Für Familienfeste galten besondere Regeln,

tons verpackt, ein trauriges Dasein. Heute steht er in vielen Hallighäusern einträchtig neben dem Tannenbaum. Auch der Weihnachtsmann hat schon lange Einzug gehalten. Auf →*Oland* und →*Langeneß* zogen außerdem zu Silvester in Begleitung von Engeln die aber zumeist schon im 19. Jahrhundert aufgegeben wurden. Die Kinder brachte auf den Halligen nicht der Storch, sondern der Austernfischer. Die →*Tracht* der Halligen ist heute nur noch zu besonderen Anlässen zu sehen. ts

Der Rotschenkel ist auf den Halligen heimisch.

Brutvögel

Auf den Halligen brüten Vogelarten in außergewöhnlich hoher Anzahl und Dichte. Für mehrere Arten haben die Halligen eine besonders große Bedeutung, da sie einen erheblichen Anteil der deutschen oder sogar der gesamten Population beherbergen. Auf den Halligen brüten beispielsweise Austernfischer mit rund 4500 Brutpaaren. Diese Zahl entspricht etwa 15 Prozent des deutschen Gesamtbestandes. Alleine auf Hallig →*Langeneß* brüten

über 2000 Paare. Das ist deutschlandweit die höchste Brutdichte für diese Vogelart.

Auf →*Hooge* brüten in großer Zahl die Küstenseeschwalbe, die Flussseeschwalbe, die Zwergseeschwalbe, der Säbelschnäbler und der Rotschenkel. Auf →*Norderoog* gibt es eine Brandseeschwalbenkolonie und auf →*Oland* und →*Südfall* kleine Löffler-Kolonien.

Es handelt sich um bodenbrütende Arten, denen auf den Halligen keine Gefahr durch Beutegreifer wie Füchse droht. Am Festland kommen alle diese Arten kaum noch zum Bruterfolg. hpz

Säbelschnäbler (oben) und Austernfischer

Dämme

Dämme durchs Watt dienen dem →*Halligschutz*. Man verwendet dafür Pfähle, Buschwerk, Steine, Spundwände. Die Dämme teilen das Wattenmeer in ruhige Buchten ein und fördern die Bildung von Vorland. Zuerst wurde 1859/60 und erneut 1874/75 die Hamburger Hallig durch einen Damm mit dem Festland verbunden. Aufgrund des 1894 aufgestellten Halligschutzprogramms errichtete man 1897–1899 einen 4,6 Kilometer langen Damm von Fahretoft auf dem Festland zur Hallig →*Oland*, der über 3,5 Kilometer nach →*Langeneß* weitergeführt wurde. Der Damm musste 1925–27 erneuert werden und erhielt seinen Ausgangspunkt jetzt in Dagebüll. In

Lorendamm zur Hallig Nordstrandischmoor

der Zeit des Nationalsozialismus dienten Dammbauten wie auch Eindeichungen der Arbeitsbeschaffung. 1933/34 entstand ein Spundwanddamm nach →*Nordstrandischmoor.* Er wurde 1956 durch Eisgang zerstört und sodann erneuert. Durch die Eindeichung des Beltringharder Koogs 1987 verkürzte sich die Länge von 7 auf 3,6 Kilometer.

Damm nach Oland und Langeneß

Auf den Dämmen nach Oland, Langeneß und Nordstrandischmoor verkehren eigentümliche Gefährte, motorbetriebene „Loren", deren Benutzung den Halligbewohnern und dem Landesbetrieb für Küstenschutz vorbehalten ist. Dabei können die Loren nicht fertig gekauft werden. Es gibt kaum zweimal das gleiche Modell, sondern die meisten sind ein Eigenbau unter Verwendung vieler verschiedener Motoren. Voraussetzung sind ein Min-

Nachbau einer Segellore und Bockmühle am Tadsen-Museum auf der Hallig Langeneß

destalter von 15 Jahren und ein Mofa-Führerschein. Die kleinen Schienenfahrzeuge erreichen etwa 20 Stundenkilometer. Sollten zwei Lorenfahrer aufeinandertreffen, gilt die Verkehrsregel: Wer mehr als die Hälfte der Strecke hinter sich hat, erhält Vorfahrt, der andere wartet an einer Ausweich-stelle. Früher wurden die Loren per Segel durch den Wind angetrieben. Viele Geschichten erzählte man sich von der Oländerin Magda Matthiesen (1898–1976), bekannt als „Käpt'n Magda". 1946 übernahm sie den Lorenverkehr als weltweit einzige weibliche Segelloren-Kapitänin.   ts

Ditten

Die Halligbewohner waren auf nachhaltiges Wirtschaften angewiesen, möglichst viel wurde wieder- oder weiterverwendet, in über die Jahrhunderte ausgeklügelter Weise. Man gewann zum Beispiel Feuerungs- und Heizmaterial aus Kuhdung, die „Ditten". Auf der Warftböschung wurde zumeist im Frühling der Mist in einer fünf bis sechs Zentimeter hohen Schicht ausgebreitet, mit den Füßen durchgeknetet und sodann glatt geklopft. Nach ein bis zwei Wochen war die Mistschicht an der Oberfläche getrocknet. Nun wurden die etwa quadratischen Ditten ausgestochen und gewendet, damit auch die Unterseite trocknen konnte. Der Trocknungsprozess wurde in Reihen und Stapeln fortgesetzt. Im Sommer hatte man sodann mit mancher Mühe, aber völlig kostenfrei Brennmaterial gewonnen, das bis zum nächsten Frühjahr reichte. Ein mittelgroßer Haushalt benötigte ungefähr 15 000 dieser völlig geruchsfreien „Mistbriketts", die man auf dem Dachboden lagerte. ts

Ditten im Tadsen-Haus auf Langeneß

Fährverbindungen

Eine regelmäßige Fährverbindung besteht nur nach →Hooge und →Langeneß, und zwar mit dem Schiff „Hilligenlei" von →Schlüttsiel aus. Bis 1959 war Bongsiel der wichtigste Hafen für die Halligen, benannt nach dem ersten Schleusenwärter am Siel namens Bong und entstanden um 1735. Über 200 Jahre lang fuhren von hier Schiffe nach den Halligen. 1959 rückte Bongsiel durch die Eindeichung des Hauke-Haien-Kooges aber ins Hinterland. Vom einstigen Hafen ist heute kaum noch etwas zu erkennen. In Bongsiel, heute Ortsteil von Ockholm, befand sich einer der traditionsreichsten Gasthöfe Nordfrieslands, begründet von Lauritz Thamsen, der 1902 als Schleusenwärter nach Bongsiel kam. Bei „Vadder Thamsen" gingen viele →Maler ein und aus, die manchmal mit ihren Werken „bezahlten". Die Halligen →Nordstrandischmoor, →Südfall und →Süderoog laufen Ausflugsschiffe von Strucklahnungshörn aus an, gelegen im Westen von Nordstrand. Von hier besteht eine ständige Fährverbindung nach Pellworm. Die Schiffe der Adler-Reederei bedienen die gesamte Insel- und Halligwelt. Strucklahnungshörn ist außerdem der Heimathafen für Krabbenkutter, Versorgungsfahrzeuge, den Seenotkreuzer „Eiswette" sowie für das Postschiff zur Hallig Nordstrandischmoor.   ts

Die „Hilligenlei" versorgt von Schlüttsiel aus Hooge und Langeneß

Trachtenfest auf Hooge

Feste und Kultur

Die 250 Halligbewohner organisieren sich in einer großen Vielfalt von Vereinen. Es gibt freiwillige →*Feuerwehren*, Singkreise, Theatergruppen, einen Segler-Verein, Tanz- und Trachtengruppen und auf Hooge einen Boßelverein. Die Jahresbälle von Feuerwehr und Boßelverein sind dabei Höhepunkte im Jahresverlauf. Nur Einheimische nehmen an diesen Veranstaltungen teil.

Für den Erhalt der Halligkultur gibt es auf →*Langeneß* und →*Hooge* den Ortskulturring und den Friesenverein. Diese Gemeinschaften setzen sich für den Erhalt der →*plattdeutschen Sprache* ein. Auf Langeneß gibt es dann noch die Akkordeongruppe. Zu Ostern wird das Friesenfest gefeiert und im Herbst findet die Friesenversammlung statt. Bei Tee und Gebäck werden die Aktivitäten für das kommende Jahr geplant.

Gerade für Stammgäste sind die Aufführungen der Theatergruppen „Hooger Speeldeel" auf Hooge und „Halieen" auf Langeneß gedacht. Das Theaterspielen hat auf Hooge eine lange Tradition. Schon vor 100 Jahren organisierte der Boßelverein Theaterstücke.   hpz

Fething und Wasserversorgung

Da es auf den Halligen kein Grundwasser gibt, stand für das Trinkwasser auf den Halligen nur der Regen zur Verfügung. Er wurde für das Vieh im „Fething" und für die Menschen im „Sood" auf der Warft gesammelt. Der Ausdruck Fething, halligfriesisch „fääding", hat wohl mit dem Wort „fassen" zu tun. Die Fethinge, die auf vielen Halligwarften noch heute erhalten sind, wurden möglichst an der höchsten Stelle der →*Warft* errichtet.

Fething auf Hallig Hooge

Ein mit Holzröhren versehenes, verzweigtes Grabensystem am Warftfuß, Schetels genannt, sorgte zusätzlich für eine Zuleitung von Regenwasser. War aber bei einer →*Sturmflut* Salzwasser in den Fething gelangt, musste vom Festland frisches Wasser per Schiff gebracht werden.

Für die Versorgung der Menschen wurde das vom Hausdach herablaufende Regenwasser in einer vor Verschmutzung geschützten Zisterne gesammelt, Sood genannt, das ist das niederdeutsche Wort für Brunnen. Seit den 1960er-Jahren wurden zu den ständig bewohnten Halligen Wasserleitungen vom Festland gebaut. →*Oland* und →*Langeneß* wurden 1964 angeschlossen, →*Hooge* 1970, →*Nordstrandischmoor* 1975, →*Gröde* 1976 und als bisher letzte Hallig →*Süderoog* 1994. Nur die nicht ständig bewohnten Halligen →*Habel,* →*Norderoog* und →*Südfall* verfügen über keine Frischwasserleitung. Die nicht mehr benötigten Fethinge stehen unter Denkmalschutz.

ts

Feuerwehr

Wenn es auf den Halligen brennt oder eine Notsituation eintritt, dann würde es viel zu lang dauern, Hilfe vom Festland zu organisieren. Daher gibt es auf den Halligen →Oland, →Gröde, →Langeneß und →Hooge freiwillige Feuerwehren. Auf Oland besteht die Wehr aus lediglich drei Personen. Auf Gröde sind es sieben Personen. Auf →Nordstrandischmoor gibt es keine Feuerwehr. Jede Familie ist geschult, und alle Häuser sind mit einem Hydranten und Schläuchen ausgestattet. Die Ausrüstung für Notfälle verschiedener Art ist professionell und je nach Hallig verschieden. Auf Hooge gibt es neben einem großen Löschfahrzeug auch ein Motorboot, um Menschen aus Seenot zu retten. Auf Oland reicht dagegen eine Hochdruckspritze auf einem Handkarren. Dazu gehört noch eine starke Pumpe, mit der Löschwasser aus dem →Fething gepumpt werden kann. Verschiedene mögliche Notfälle werden regelmäßig geübt. Dazu gehört die Zusammenarbeit der Feuerwehren der vier Halligen. Als 1996 der Dachstuhl des →Königspesels auf Hooge brannte, konnte die Feuerwehr von Langeneß helfen. Die benötigten Gerätschaften kamen mit der →Fähre und die Helfer fuhren mit der „Adler-Express". In den letzten Jahren werden auch Transporte per Hubschrauber in die Notfallpläne einbezogen. hpz

Das Feuerwehr-Gerätehaus auf Langeneß

Fische, Fischerei

Der Fischfang hat auf den Halligen nie eine bedeutende Rolle gespielt. Der Deichkommissar Petersen von Pellworm kam in einem Gutachten aus dem Jahr 1836 sogar zu dem Schluss, dass die Halligleute gegen die Fischerei eine merkwürdige, vom Vater auf den Sohn vererbte Abneigung hätten. Fische dienten lediglich der Bereicherung des Speisezettels und der Aufstockung der Wintervorräte. Schollen und Aale wurden mit Angeln und in Reusen gefangen. Die Plattfische erbeutete man bei Ebbe in den Prielen mit einem Stecheisen oder durch das „Buttpedden". Beim Waten in den Prielen aufgescheuchte Plattfische werden dabei mit dem Fuß festgehalten.

Die Plattfische stellen den größten Teil aller Fische im Wattenmeer. Schollen, Flundern und die Klieschen sind die häufigsten Arten. Das Wattenmeer ist außerdem die Kinderstube vieler Fischarten, die als erwachsene Tiere in der Nordsee leben. Insgesamt konnten bis zu 700 verschiedene Fischarten im Wattenmeer nachgewiesen werden.

Im →Nationalpark ist die Fischerei nur noch unter strengen Auflagen erlaubt. Umstritten war in den letzten Jahren insbesondere die Fischerei von Miesmuscheln. 2015 beschloss das Land Schleswig-Holstein für 15 Jahre die Begrenzung der Fischerei nach wilden Muscheln und die Kultur von „Saatmuscheln", was von Naturschützern als ein Meilenstein in der langen Konfliktgeschichte um die Nutzung des Wattenmeers angesehen wird.   hpz

Scholle im Watt

Fotografie

Die so besondere Halligwelt zog seit dem Ausgang des 19. Jahrhunderts Fotografen aus nah und fern an. Einen Anfang machte Wilhelm Dreesen (1840–1926) aus Rendsburg, der ein Fotogeschäft in Flensburg betrieb. Eine von ihm 1895 veröffentlichte Fotomappe über die nordfriesischen Inseln enthielt bereits mehrere Fotos von den Halligen, viele weitere folgten. Der Kieler Lehrer Theodor Möller (1873–1953), vielleicht der bedeutendste Fotograf Schleswig-Holsteins, bereiste die Halligwelt erstmals 1906 gemeinsam mit Wilhelm →Lobsien. „Immer deutlicher erkannte ich sie als eine Welt für sich, die nicht mehr ihresgleichen hat und deren Schicksal es ist, dem Untergange geweiht zu sein", hielt er seinen Eindruck fest. 1922 erschien sein reich bebildertes Buch „Die Welt der Halligen". Der Hamburger Kaufmann Max Broders (1886–1974), dessen Vater aus Eiderstedt stammte, besuchte vor allem die Hallig →Langeneß regelmäßig zwischen 1910 und 1973; der Schriftsteller Jochen Missfeldt (geb. 1941) gab eine Auswahl der schönsten Bilder 2014 in dem großformatigen Buch „Klaar Kimming" heraus. Albert Renger-Patzsch (1897–1966) aus Würzburg, ein Fotograf der „Neuen Sachlichkeit", veröffentlichte 144 beeindruckende Bilder in seinem Buch „Die Halligen" (1927); die Reihenfolge der Fotos entspricht der Chronologie einer Halligfahrt. Der Kaufmann Ernst C. Payns (1888–1975) aus Oldenswort in Eiderstedt hielt als Autodidakt auf vielen Glas-Dias ebenfalls die alte Halligkultur fest. Von späteren Fotografen seien genannt Hans Hoffmann (1911–2002) aus Husum, Georg Quedens (geb. 1934) von der Insel Amrum, Günter Pump (geb. 1941) aus Ulm, der auch dieses Buch illustrierte, und Martin Stock (geb. 1957), Mitarbeiter des Nationalparkamts in Tönning. ts

Hamburger Hallig. Foto von Theodor Möller

Friesen und ihre Sprache

Vor rund tausend Jahren besiedelten die Friesen von der südlichen Nordseeküste her die weiten Marschflächen des heutigen Nordfrieslands. Bereits drei Jahrhunderte zuvor hatten sie die höher gelegenen Inseln Föhr, Amrum, Sylt und das westliche Eiderstedt in Besitz genommen. Daraus resultierte die noch heute bestehende Teilung ihrer Sprache in eine insel- und eine festlandsnordfriesische Dialektgruppe. Friesisch wird auf den Halligen nur noch vereinzelt gesprochen, ist aber an mehreren Stellen sichtbar: Auf →*Hooge* etwa empfängt die Gäste ein zweisprachiges, deutsch-friesisches Ortsschild, auf →*Langeneß* und ähnlich auf →*Oland* ein Stein mit dem Nordfriesen-Wappen und dem Wahlspruch „Liawer duad as slaof" (Lieber tot als Sklave). Die Kultur der Friesen spiegelt sich auf den Halligen außerdem zum Beispiel in der →*Tracht*, in →*Bräuchen* wie dem →*Biikebrennen* und nicht zuletzt in den →*Häusern*. Pastor Lorenzen schrieb 1749 in seiner „Genaue[n] Beschreibung der wunderbaren Insel Nordmarsch": „Die Sprache, welche auf Nordmarsch und den umliegenden Halligen geredet wird, ist die friesische, welche von allen Sprachen in der Welt weit unterschieden ist. … Es ist diese Sprache geschickt, alle Sachen in geist- und weltlichen Dingen auszudrücken, und ist nur Schade, daß die Gelehrten sich derselben nicht angenommen, und sie etwa ins Feine gebracht haben. … Gleichwohl wird ein jeder, der sie verstehet, bekennen müssen, daß die Ausdrücke in derselben rund, die Redensarten nett, und die Vorstellungen überaus lebhaft seyn."

Manche Halligwörter unterscheiden sich vollkommen von denen der benachbarten Gebiete. „Vater" etwa heißt „baabe", im nächstverwandten Dialekt des Festlands aber „fooje". Das Vaterunser, das leider in den Halligkirchen nicht auf Friesisch gebetet wird, beginnt: „Öösen Baabe ön e hämel! Haligt waarde dan noome." Bereits Lorenzen hatte in der Mitte des 18. Jahrhunderts das Vaterunser ins Halligfriesische übertragen. Er schuf damit eines der frühesten Zeugnisse der nordfriesischen Sprache überhaupt. Friesisch wurde weder zur Amts- noch zur Kirchensprache, somit auch nicht zur Schulsprache. Nach der

Reformation wurde zunächst →*Platt-deutsch* gepredigt, im 17. Jahrhundert stieg sodann Hochdeutsch zur Amts- und Kirchensprache in Nordfriesland auf. Bis 1800 gibt es nur wenige Texte auf Nordfriesisch, erst seit dem 19. Jahrhundert entwickelte sich das Idiom mehr zur Schriftsprache.

Das Halligfriesische gehört zur festlandsnordfriesischen Dialektgruppe, was zunächst merkwürdig erscheinen mag. Doch als die hiesigen Marschen im elften Jahrhundert von Friesen besiedelt wurden, wies die Küste noch eine ganz andere Gestalt auf. Erst nach den großen →*Sturmfluten* von 1362 bzw. 1634 bildeten sich die Halligen heraus.

Für die Hallig Hooge wurden 1927 immerhin noch 60 von 160 Einwohnern gezählt, die Friesisch sprachen, also 36 Prozent, darunter aber nur vier Kinder. Im Jahr 1972 konnten von damals insgesamt 424 Halligbewohnern nur noch 71, also 16,7 Prozent Friesisch sprechen. In der Gegenwart sind es insgesamt wohl nur noch zwei oder drei Handvoll. Es gab wohl schon immer viel mehr Wörter in dieser Sprache als Menschen, die sie sprachen und sprechen.

Stein mit dem Nordfriesland-Wappen

Eine ganz eigene Art der Weltbetrachtung, in tausend Jahren gewachsen, vergeht offenbar in unseren Tagen. Nichts von diesem eigenen Schlüssel zur Welt wird heute auf den Halligen vermittelt, weder im Schulunterricht noch in der Kirche wird die Sprache berücksichtigt. Doch das Halligfriesische ist recht gut dokumentiert durch die Leistung eines Einzelnen, des von Langeneß stammenden Lehrers Jens Lorenzen (1921–1995).

ts

Gröde

Gröde wuchs im 19. und beginnenden 20. Jahrhundert mit der nördlich gelegenen Hallig Appelland zusammen. 1802 gab es auf Gröde und Appelland noch insgesamt sieben bewohnte Warften. Die Kirche stand schon damals auf der heutigen Kirchwarft, die mit der eng benachbarten Knudtswarft als einzige die Zeiten überdau-

ert hat; die Ende des 19. Jahrhunderts zerstörte Neu-Peterswarft, gelegen am Weg zur Anlegestelle, wird nur noch als Lagerplatz genutzt. Auf den beiden Warften leben in der Gegenwart neun Menschen. Gröde-Appelland gehört zum Amt Pellworm und bildet die kleinste politische Gemeinde Deutschlands. Wie in allen Gemeinden unter 70 Einwohnern gibt es keine Gemeindevertretung, son-

Knudtswarft auf Hallig Gröde

dern eine Gemeindeversammlung, in der alle wahlberechtigten Personen Stimmrecht haben. Bundesweite Aufmerksamkeit erreichte die Hallig regelmäßig bei Wahlen, fast immer gab sie als erste das Ergebnis bekannt. Bei der Bundestagswahl 2013 entschieden sich jedoch erstmals alle Bewohner für die Briefwahl. Zur Gemeinde gehört auch die nur im Sommer von einem Vogelwart oder einer Vogelwartin bewohnte Hallig →*Habel.*

Ausflugsschiff „MS Adler V"

Der Name Gröde leitet sich ab vom friesischen „grööd, gröör" und ist wohl verwandt mit dem englischen „to grow", bedeutet also etwa „Anwachs". 1438 wurde „Gruden" erstmals urkundlich erwähnt. Zu erreichen ist das autofreie Eiland mit dem Schiff bei Hochwasser oder bei geführten →*Wattwanderungen* vom Deich des Hauke-Haien-Koogs aus. Gröde wurde um 1900 durch Uferbefestigungen mit Appelland verbunden. Die Hallig umfasst 2,5 Quadratkilometer, vier Fünftel werden land-

Der aus Eichenholz geschnitzte Altar stammt aus dem 16. Jahrhundert.

wirtschaftlich genutzt. Gröde ist die letzte Hallig, auf der das Grasland noch als →*Allmende* beweidet wird. Gehalten werden Schafe, vom Festland kommen in den Sommermonaten Rinder als „Pensionsvieh".

Gröde ist durch eine Steinkante gegen Landverlust gesichert. Gut 20 Mal im Jahr meldet die Hallig →*Landunter*. Bei der →*Sturmflut* 1962 wurden fast alle Häuser so stark beschädigt, dass sie neu errichtet werden muss-

ten. Sie wurden wieder mit Reet gedeckt, sodass sich ein harmonisches Bild bietet. 1976 konnte auf Gröde →*Lichtfest* gefeiert werden, im selben Jahr wurde eine Trinkwasserleitung durch das Watt verlegt. Die Halligbewohner bestellen ihre Lebensmittel einmal wöchentlich auf dem Festland und erhalten ihre Ware ebenso wie die Post per Schiff.

Auf der Knudtswarft stehen vier Häuser. In dem einzigen Gebäude auf der

Kirchwarft befinden sich die Kirche Sankt Margarethen, die →*Schule* und eine Lehrerdienstwohnung. Der Kirchraum wurde 1779 errichtet und ist wahrscheinlich bereits das siebte Gotteshaus; die Vorläufer fielen Sturmfluten zum Opfer. Altar und Kanzel stammen aus dem 16. Jahrhundert, der achteckige Schalldeckel mit Engelsköpfchen aus dem Jahr 1695. Neben dem Kirch- und Schulgebäude liegt der kleine Friedhof. Gröde bildet eine eigenständige Kirchengemeinde, wird aber vom Pastor der Hallig →*Langeneß* betreut. Etwa alle vier bis fünf Wochen findet hier ein Gottesdienst statt. Die Halligbewohner verdienen ihr Geld in der →*Landwirtschaft,* dem Küstenschutz und dem →*Tourismus.* Der einzige Gewerbebetrieb ist „Monikas Kiosk". Bis zu 150 Besucher werden in den Sommermonaten täglich auf der Hallig gezählt. Einen besonders schönen Anblick bietet Gröde im Hochsommer, wenn der →*Halligflieder* blüht.   ts

Monikas Kiosk ist der einzige Gewerbebetrieb auf der Hallig.

Auf Hallig Habel gibt es nur eine Warft.

Habel

Die Hallig Habel ist die kleinste der noch existierenden Halligen mit einer Fläche von 0,07 Quadratkilometern. Sie ist nur noch 100 Meter breit und 650 Meter lang. Diese Hallig hat den größten Landverlust aller Halligen erfahren. Sie verlor seit 1800 etwa 90 Prozent ihrer Fläche. Die Hallig gehört dem Land Schleswig-Holstein und wurde 1983 langfristig an den Verein Jordsand zum Schutze der Seevögel e. V. verpachtet.

Habel ist ein „Ortsteil" der Hallig →*Gröde*, der kleinsten selbstständigen Gemeinde Deutschlands. Im Unterschied zu Gröde ist Habel jedoch schon seit 1924 nicht mehr ständig bewohnt. Bereits von 1871 bis 1903 war die Ein-

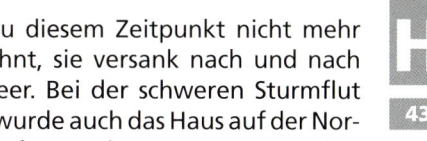

war zu diesem Zeitpunkt nicht mehr bewohnt, sie versank nach und nach im Meer. Bei der schweren Sturmflut 1981 wurde auch das Haus auf der Norderwarft von den Wassermassen beschädigt und der letzte Pächter der Hallig gab auf. Aus Kostengründen blieb es ohne eigenen Schutzraum und ist deshalb in den Wintermonaten nicht bewohnbar. Ein Erhalt der Warft und der Hallig war aber grundsätzlich unumstritten, da Habel gemeinsam mit Gröde einen wichtigen „Wellenbrecher" bei Sturmfluten bildet.

Während der Brutzeit entsendet der Verein Jordsand Betreuerinnen und Betreuer, die von Frühjahr bis Herbst auf der Hallig wohnen und sich um die Vogelwelt und den Erhalt der spezifischen Salzwiesen-Landschaft kümmern. Die Liste der Brutvögel ist lang. Auf dem Grünland brüten Bluthänflinge, Feldlerchen und Stare, Arten die auf dem Festland immer mehr verschwinden. Dazu kommen stark bedrohte Arten der europäischen Feuchtgebiete wie Fluss-, Küsten- und Brandseeschwalben, Fluss-Uferläufer, Steinwälzer, Sandregenpfeifer, Alpenstrandläufer, Kiebitze und Wiesenpieper, Bekassine und große Brachvögel.   hpz

wohnerzahl von zwölf auf drei gesunken. Die letzten privaten Eigentümer waren Meinert Nommensen und Bandix Petersen, welche die Hallig 1906 für 6000 Mark an den preußischen Staat verkauften. In den folgenden Jahrzehnten wurde das Haus zu verschiedenen Zwecken verpachtet, unter anderem als Gastwirtschaft. Bis Ende des 19. Jahrhunderts gab es noch zwei Warften auf Habel, eine im Norden und eine im Süden. Die Süderwarft

Hallig der Jungs

So nannte man die Hallig →*Süderoog*, als dort zwischen 1927 und 1968 junge Menschen zu internationalen Ferienlagern zusammenkamen. Die Initiative ergriff Hermann Neuton Paulsen (1898–1951), der Eigentümer der Hallig. Er war von der Wandervogel-Bewegung und sodann furchtbaren Erlebnissen im Ersten Weltkrieg geprägt. So wollte er Jungen aus verschiedenen Ländern zusammenbringen, um Respekt und Versöhnung zu ermöglichen. Paulsen wurde damit zu einem frühen Vertreter der europäischen Verständigung. Er begann 1924–26 mit einem Lager auf Hallig Hooge und setzte die Arbeit ab 1927 auf seiner eigenen Hallig fort, bald unterstützt und nach seinem Tod weitergeführt von seiner schwedischen Frau Gunvor. In der Zeit des Nationalsozialismus wurde das Lager für die „Kinderlandverschickung" genutzt. In einem Brief an die britische Militärregierung schrieb Paulsen nach dem Zweiten Weltkrieg: „Das Lager besteht seit dem Jahre 1924 und verfolgt den Zweck, neben rein körperlicher Ertüchtigung in frischer Nordseeluft jungen Menschen verschiedener Nationen gute Gelegenheit zu bieten, sich kennenzulernen und freundschaftliche Beziehungen anzuknüpfen. Es will durch das Zusammenleben der Jugendlichen verschiedener Nationen den Gedanken wahrer Völkerverständigung fördern und will seinen jungen Gästen den Weg weisen, der sie zur Achtung vor Gott und Menschen, zu selbständigem Denken und Handeln und zu vollem Bewusstsein der großen Verantwortung ihren Mitmenschen gegenüber führt." Paulsen starb bereits 1951. Die „Hallig der Jungs" verlor nach und nach ihren ursprünglichen Schwung. Die nach modernen Maßstäben unvollkommene Ausstattung der Gebäude ließ nach behördlicher Einschätzung ab 1968 eine Fortsetzung der Ferienlager nicht mehr zu. Ein Versuch der Neubelebung um 1990 gelang nicht. 1975 wurde in der Diele des Hallighauses auf Süderoog eine „Hermann-Neuton-Paulsen-Gedächtnisstätte" errichtet, in einem Nebengebäude gibt es außerdem einen Ausstellungsraum. Die Schule auf Pellworm ist nach dem Begründer des internationalen Friedenswerks benannt.

ts

Halligenflut 1825

Als „Halligenflut" ging die Katastrophe vom 3./4. Februar 1825 in die nordfriesische Geschichte ein. Von 937 damals auf den Halligen lebenden Menschen ertranken 74, darunter alle zwölf Bewohner von Südfall. Die Überlebenden mussten tagelang hungern und frieren. 90 Prozent der Häuser waren unbewohnbar.

Eindrücklich hat der friesische Philosoph und Pädagoge Friedrich Paulsen (1846–1908), dessen Vater die Schreckensnacht auf Oland erlebte, die „Halligenflut" geschildert:

Es war im Februar, ein heftiger Südwest hatte die Springflut gegen die friesische Küste getrieben und den Wasserstand schon zu ungewöhnlicher Höhe gebracht. Nun sprang der Wind nach Nordwest um, und immer

Gedenktafel in der Hooger Kirche. Nächste Seite: Die Wellen schlagen über den Hooger Sommerdeich.

stärker zum Sturm anschwellend, staute er die Flut in der Nordseebucht auf; die Ebbezeit brachte kaum merkliches Fallen des Wassers. Da kam mit der Nacht die zweite Flut, das Wasser ergoss sich über die Warft und begann in die Häuser zu dringen. Man suchte sich durch Zustopfen aller Öffnungen zu wehren; vergebens, die Wellen schlugen bald Fenster und Türen ein, und man musste sich auf den Hausboden flüchten. Es war eine lange furchtbare Nacht; in das Heulen des Sturms und das Brausen des Meeres mischte sich das Jammern der Weiber, das Schreien der Kinder, das Brüllen der Kühe, die angebunden auf ihren Ställen standen. Bald schlugen die Wogen auch das Mauerwerk des Hauses ein, das Dach stand nur noch auf den in den Boden eingerammten Pfählen. Man musste sich zu neuer Flucht entschließen: Das Nachbarhaus, mit dem das eigene unter einem Dach vereinigt war, lag ein wenig höher und war dem Anprall des Meeres nicht so stark ausgesetzt: Die Bretterwand, die die Hausböden trennte, wurde durchschlagen und Menschen und Habe hinübergerettet. (…) Am jammervollsten war es, als die Kühe, endlich von ihrem Stand

sich losreißend, eine nach der andern in die Wellen hinaustrieben und mit kläglichem Brüllen verschwanden; die Mutter habe diesen Eindruck gar nicht wieder verwinden können. Endlich ging auch diese Nacht zu Ende; die Männer, die an der Luke von Zeit zu Zeit den Stand des Wassers maßen, konnten erst das Aufhören des Steigens, dann ein langsames Sinken melden. Die Angst um das Leben ließ nach, noch ein paar Stunden, und man konnte den Zufluchtsort verlassen und heruntersteigen. Freilich, um nun erst den ganzen Jammer der Verwüstung im Einzelnen zu sehen: das Haus zerstört, so dass es völlig neu hätte aufgebaut werden müssen, das Ingut überallhin zerstreut und vernichtet, Trümmer von Gerät, Kleider und Leinen aus zerbrochenen Kisten und Kasten da- und dorthin getrieben, an Zäunen hängend, in den Fething verschwemmt: Tagelang habe mein Vater, so erzählten mir die Tanten, den von Seewasser gefüllten Teich ausgefischt und bald dies, bald das aus eigenem und fremdem Hausrat ans Licht gebracht. Nach der Flut galt es, einen Entschluss über die Zukunft zu fassen, und der lautete: „Hier ist nicht mehr unsers Bleibens. ... Die geretteten Sachen wurden in das große Boot gepackt, und die Familie verließ die alte Heimat der Vorfahren, dem ‚festen Wall' zusteuernd. ... Und so tiefes Grauen hatte in den Gemütern das letzte Erlebnis hinterlassen, dass keins der Geschwister jemals wieder den Fuß auf die Hallig gesetzt hat: ‚Nein, nein, hier ist es besser', sagten sie wohl, wenn ich als Junge einmal einen Besuch auf Oland, das vom Seedeich aus deutlich vor Augen lag, in Anregung brachte. "

Eine Welle der Hilfsbereitschaft folgte den Wellen der Flut. Die Halligen rückten erstmals in den Mittelpunkt des öffentlichen Interesses. Zu dem damals in Husum gegründeten Hilfskomitee gehörte Johann Casimir Storm, der Vater Theodor Storms, zu dessen frühesten Erinnerungen diese Sturmflut gehörte. Der dänische König Friedrich VI. ordnete eine Kirchenkollekte und Haussammlung im Königreich und in den Herzogtümern Schleswig und Holstein an. Im Sommer 1825 besichtigte er die Flutschäden. Die Stube, auf der er auf der Hooger Hanswarft nächtigte, erhielt den Namen →*Königspesel.*   ts

Halligflieder

Im August blüht der Strand- oder Halligflieder (Limonium vulgare) und verwandelt die Wiesen der Halligen in ein violettes Farbenmeer. Die Pflanzen sind nicht mit dem Flieder aus unseren Gärten verwandt. Sie gehören vielmehr zur Familie der Bleiwurzgewächse. Auf den nordfriesischen Halligen und Inseln wird sie Bondestave genannt. Es handelt sich um eine kräftige, krautige Pflanze mit einer Blattrosette am Grund ihres Stiels und ver-

zweigten Stängeln. Sie erreicht Wuchshöhen von 20 bis 50 Zentimetern und kann bis zu 30 Jahre alt werden.

Der Strand- oder Halligflieder ist eine der Symbolpflanzen der Halligvegetation und wurde früher gerne für Trockensträuße verwendet. Heute weisen Schilder überall auf den Halligwiesen auf ein Pflückverbot hin. Bundesweit steht der Strandflieder auf der Roten Liste der in ihrer Verbreitung gefährdeten Pflanzenarten. Seine Bedeutung für den Lebensraum →*Salzwiese*

ist groß. So ist er die einzige Futterpflanze für eine kleine Schmetterlingsart, den Salzwiesen-Kleinspanner (Scopula emutaria). Aus dem Fruchtknoten entwickelt sich nach der Blütezeit eine vom Kelch umschlossene Nussfrucht, deren Samen im Herbst durch den Wind weit verbreitet werden. Sein Überleben auf einer Salzwiese wird für den Strandflieder durch spezielle „Absalzdrüsen" auf der Blattoberfläche möglich. Über sie wird Salz schnell wieder ausgeschieden. hpz

Bondestave auf der Hallig Nordstrandischmoor

Halliggräfin

Diana Gräfin von Reventlow-Criminil, geboren 1863 in Preetz, stammte aus einer alten holsteinischen Adelsfamilie. Ihr Vater war Gutsbesitzer auf Emkendorf, ihre Mutter kam aus Schottland. Diana wuchs in Emkendorf auf und reiste in jungen Jahren viel. Sie wird als schön, extravagant und unnahbar geschildert. Trotz „standesgemäßer" Heiratsanträge blieb sie ledig. Zeitweise sorgte sie für die Erziehung der drei Kinder ihres Bruders, als dessen Ehefrau gestorben war. Das höfische Leben tauschte sie 1910 mit der Einsamkeit der von ihr erworbenen Hallig Südfall ein, wo sie die Sommermonate verbrachte, später zog sie ganz dorthin. Im Hallighaus lebte sie von ihrem Vermögen mit Köchin, Hausmädchen, Kutscher und Gouvernante, mit zwei Hunden, Pferden und Hühnern. Willi Hansen (1933–1988), Bürgermeister von Nordstrand und Kenner der Halligwelt, berichtet:

„Comtesse ließ sich in allem bedienen; sie ließ sich kämmen, waschen und anziehen, aber täglich um drei Uhr griff sie in den Halligalltag ihrer Dienerschaft ein: Sie fütterte selbst ihr geliebtes Hühnervolk." Jeden

Morgen badete sie in frischem Nord- seewasser, das ihr der Kutscher in Ei- mern holte. Auf der Nordstrander Püttenwarft besaß sie zusätzlich ei- nen kleinen Hof. Den Nordstrander Bauern Andreas Busch (1883–1972) unterstützte sie in den 1920er-Jahren bei seinen Forschungen nach dem bei der →Sturmflut 1362 untergegange- nen Rungholt. Auch ihr Neffe Victor von Reventlow-Criminil (1916–1992) hielt sich später mehrfach auf Südfall auf, um nach Siedlungsspuren im Wattenmeer zu suchen. Es wird be- richtet, dass die 73-jährige Gräfin bei der Sturmflut am 18. Oktober 1936 bei ihren Pferden im Stall stand, bis zum Bauch im Wasser, um sie zu beru- higen. Dem Nationalsozialismus brachte sie Verachtung entgegen. Aus Husum ist die Episode überliefert, dass sie beim Betreten eines Geschäf- tes mit „Guten Morgen!" grüßte, ihr aber ein lautes „Heil Hitler!" entge- genscholl. Sie soll gefragt haben: „Was hat der damit zu tun?" Einem

Das Haus auf der Nordstrander Püttenwarft

abgestürzten britischen Flieger bot sie eine Zeit lang Asyl.

Diana von Reventlow-Criminil starb am 7. August 1953 auf Südfall, einige Wochen zuvor hatte man hier noch in großer Gesellschaft ihren 90. Geburts- tag gefeiert. Der Leichnam wurde auf einem von vier Pferden gezogenen Wagen durch das Watt gefahren. Ihr Grab befindet sich in der Emkendor- fer Pfarrkirche in Westensee.

ts

Halligschutz

In der Zeit der →*Seefahrt* achtete man wenig auf den ständigen Landverlust. Keine Steinkante schützte die Halligküste, kein Sommerdeich umgab das Halligland. Viel häufiger als heute gab es →*Landunter,* wurde also das Halligland überflutet, sodass nur noch die →*Warften*, die künstlich aufgeworfenen Erdhügel mit den Häusern, herausragten. Ungehindert nagte jede →*Sturmflut* an der Abbruchkante. Das Halligland verkleinerte sich ständig,

Lahnungen dienen dem Halligschutz.

alljährlich ging im Durchschnitt ein Uferstreifen von zwei bis drei Metern verloren, bei schweren Sturmfluten bedeutend mehr. Manche Hallig verschwand ganz. Vor allem nach der →*Halligenflut 1825* wurden grundsätzliche Überlegungen über die Zukunft der Halligen angestellt. Manche wollten sie nur noch als Viehweide nutzen.

Im Jahr 1802, bei der ersten genauen Vermessung, ergab sich für die zehn heute noch bestehenden Halligen eine Gesamtfläche von knapp 38 Quadratkilometern. Bis 1860 ging fast ein Drittel dieser Fläche verloren. Heute umfassen die Halligen 23 Quadratkilometer. Ohne die umfangreichen Sicherungsmaßnahmen seit 1894 wäre von ihnen wohl wenig geblieben. Es war ein „Landfremder", der als einer der Ersten zum planmäßigen Halligschutz aufrief: der aus Westpreußen stammende Museumsbibliothekar Eugen Traeger (1855–1901). Die Abbruchkanten, die bei jeder Flut weiter „ange-

Die Halligen wurden mit Steinkanten gesichert, hier am Leuchtturm von Langeneß.

knabbert" worden waren, versah man nach und nach mit Steinkanten. Auf →*Hooge* wurde in den Jahren 1911 bis 1914 ein gut anderthalb Meter hoher Sommerdeich errichtet. Den Deichfuß sicherte man mit Basalt- oder Granitsteinen. Später wurden auch →*Langeneß*, →*Gröde* und →*Oland* „sommerbedeicht", die Deichkrone liegt etwas niedriger als auf Hooge.

An den Kanten der Priele innerhalb der Hallig sind noch heute kleine Ab-bruchkanten zu beobachten. An diesen Stellen kann man nachvollziehen, wie die Hallig mit jeder Überflutung Sediment anlagert.

Zurzeit nimmt die Fläche der Halligen nicht mehr ab, sondern vergrößert sich durch die Anlage von Lahnungen, besonders entlang der →*Dämme,* die ebenfalls dem Halligschutz dienen. Die kleinen Inseln gelten heute als befestigte und bewohnte Wellenbrecher. ts

Hamburger Hallig

Die nicht ständig bewohnte Hallig liegt vor dem Sönke-Nissen-Koog und gehört zur Gemeinde Reußenköge. Sie ist etwa 1,1 Quadratkilometer groß, hinzu kommen 5,5 Quadratkilometer Salzwiesen im Übergang zum Watt. Die Hallig bildet den letzten Überrest eines Kooges, der 1624 von den Gebrüdern Amsinck, zwei Hamburger Kaufleuten, an der Nordostküste der Insel Alt-Nordstrand bedeicht wurde. Bei der →*Sturmflut* von 1634 wurde er zerstört. Erneute Bedeichungsversuche scheiterten. Arnold Amsinck verlor dabei sein Vermögen und starb 1656 einsam und bekümmert auf dem wieder zur Hallig gewordenen „Bollingland". Bis 1760

Die Hamburger Hallig ist mit der Gaststätte ein beliebtes Ausflugsziel.

blieb es im Besitz der Hamburger Kaufmannsfamilie. Daher bürgerte sich der Name Hamburger Hallig ein. Aufgrund der Strömungen im Wattenmeer hat sie sich nach Osten verlagert. Im Jahre 1860, noch in dänischer Zeit, wurde die Hamburger Hallig als erste überhaupt durch einen Lahnungsdamm mit dem Festland verbunden, 1875 folgte ein fester →Damm mit einem Erdkern. Dies bedeutete, schrieb Friedrich Müller in dem 1917 erschienenen Werk „Das Wasserwesen an der schleswig-holsteinischen Nordseeküste", einen „Wendepunkt in der Geschichte der Landgewinnungen an der Westküste, indem hier zum ersten Male der Gedanke einer Verbindung von Eilanden mit der Festlandsküste in greifbare Nähe gerückt wurde". Bereits 1878 gelangte sie in staatlichen Besitz. Schon 1880–83 schützte man die Halligkante mit einer Steindecke. An beiden Seiten des Dammes stellte sich bald eine „Anschlickung" ein, sodass eine Halbinsel oder „Halbhallig" entstand. Dies erleichterte 1924–26 die Eindeichung des Sönke-Nissen-Koogs. Bereits seit 1930 steht die Hallig unter Naturschutz.

NABU-Haus auf dem Schafberg

Die Hamburger Hallig und die dort in Pacht betriebene Gastwirtschaft sind ein beliebtes Ausflugsziel. Man kann sie zu Fuß, mit dem Fahrrad oder dem Auto erreichen. Für Autos muss an der Schranke im Sönke-Nissen-Koog eine Gebühr entrichtet werden. Am dortigen Amsinck-Haus stehen Mietfahrräder bereit. Eine Ausstellung vermittelt Einblicke in die Geschichte und Gegenwart der Reußenköge und der Hamburger Hallig. Etwa auf halbem Weg zur Hallig liegt der Schafberg. Hier unterhält der Naturschutzbund Deutschland (NABU), der das Gebiet seit 1932 betreut, eine Hütte für einen Vogelwart. Viele Besucher legen hier einen Zwischenhalt ein und lassen sich über die Vogelwelt und die Salzwiesen informieren. ts

Häuser

Auf den Halligen wurde ursprünglich das utlandfriesische Haus gebaut. Es handelt sich um ein auffallend schmales und niedriges Langhaus. Das mit Reet gedeckte Dach ruhte nicht auf den Außenwänden, sondern auf frei stehenden Ständern. Wurde bei einer →*Sturmflut* das Mauerwerk eingedrückt, so bot der Dachboden noch Zuflucht. Hier wurden ansonsten Heu, Vorräte und Brennmaterial, die →*Dit-ten*, gelagert. Die Außenwände bestanden aus Lehm, Holzbohlen oder Grassoden, ab dem 17. Jahrhundert vorwiegend aus Ziegelsteinen. Da die innere Ständerkonstruktion höher reichte als die Außenwände, ergab sich hier eine Deckenschräge, „Katschor" genannt. Den Raum zwischen zwei Ständern nennt man „Fach". Die Häuser waren wegen des begrenzten Platzes auf der →*Warft* zumeist kleiner als auf dem Festland oder den Geestinseln. Natürlich wirkte sich die

Ursprüngliches Hallighaus auf der Ketelswarf von Langeneß

soziale Stellung des Eigentümers auf die Gestaltung aus. Ein wohlhabender Kapitän bewohnte zumeist ein größeres Haus als eine arme Witwe. Manchmal wurden zwei Häuser unter einem Dach aneinandergebaut.

In der Mitte verlief quer durch das Haus ein schmaler Flur, der den Wirtschafts- vom Wohnteil trennte. Fast alle Häuser stehen in West-Ost-Richtung, um dem vorwiegend aus West wehenden Wind nur eine kleine Angriffsfläche zu bieten. Der Wirtschaftsteil mit Viehstall, Lager oder Arbeitsraum lag zumeist im Westen, der Wohnbereich eher geschützt im Osten. Über der Haustür, zumeist an der Südseite des Hauses, befand sich häufig ein kleiner Luken-Giebel; Spitz- oder Backengiebel waren auf den Halligen sehr selten. Manche Haustüren sind schön gestaltet. Die Tür auf der Gegenseite, die „Klöndör", war zumeist horizontal zweigeteilt.

Das Prinzip, dass das Dach auf Innenpfählen lastete, erforderte recht hohen Aufwand und wurde daher mit der Zeit vernachlässigt. Als bei der →Halligenflut 1825 die meisten Häuser zerstört worden waren, rief die Regierung unter dem dänischen König

Küche mit offener Feuerstelle

Friedrich VI. die Bedeutung dieser Bauweise in Erinnerung.

Im Wohnbereich befanden sich die Küche mit offener Feuerstelle und Backofen, häufig mit kleinem Keller, eine Kammer, manchmal auch mehrere, die Wohnstube (Döns oder Dörnsch, halligfriesisch daansk) und die beste Stube (Pesel, halligfriesisch pisel). In der „Daansk", die zumeist im Süden lag, bestanden die Wände ursprünglich aus Holz mit eingebauten Schränken und Wandbetten, den Alkoven. In der Epoche der →Seefahrt wurden die Wände sodann mit aus den Niederlanden mitgebrachten Fayenceplatten, den Fliesen, versehen, manche zu großen Tableaus mit Bildern von Schiffen zusammengefügt.

Halligstube auf der Ketelswarf, Langeneß

Bänke und Tische mit ausklappbaren Läden, Truhen mit Leinenzeug, eine Standuhr und kleine Kostbarkeiten aus fernen Ländern gehörten zur Ausstattung der Halligstube. Der Beilegeofen, der „Bilegger", dessen Eisenplatten häufig mit biblischen Motiven geschmückt waren, wurde von der im Norden gelegenen Küche aus mit Ditten beheizt. Der zumeist größere Pesel, ebenfalls prächtig mit Fliesen geschmückt, war nicht beheizbar, man nutzte ihn weniger zum Wohnen als für festliche Anlässe, aber auch für die Aufbahrung Verstorbener.

Originalgetreu erhaltene Halligstuben

kann man zum Beispiel auf →*Hooge* im →*Königspesel* sowie auf →*Langeneß* auf der Ketels- und der Honkenswarf besichtigen. Ein Hallighaus von Langeneß befindet sich im Schleswig-Holsteinischen Freilichtmuseum Molfsee.

Der Bruch mit den Bautraditionen kam vor allem nach der →*Sturmflut* 1962, als viele Häuser zerstört und baufällig waren. Die Dächer wurden nicht mehr mit Reet gedeckt, Gästezimmer eingeplant und in jedes Haus wurde ein Schutzraum mit Stahlbetonträgern eingebaut, die tief im Warftboden verankert sind.

Viel von der ursprünglichen Baukultur auf den Halligen ist seitdem allerdings verloren gegangen. ts

Hooge

Hooge ist nach →*Langeneß* die zweit-größte der zehn Halligen. Der Name könnte sich von der Umschreibung „die Hohe" ableiten und wäre somit ein Hinweis auf die relativ hoch aus dem →*Watt* aufragende Lage der Hallig.

Um 1600 war die Hallig rund 15 Quadratkilometer groß und besaß 23 Warften. Nach den großen →*Sturmfluten* im 17. Jahrhundert waren im Jahr 1760 noch etwa 10 Quadratkilometer Land mit insgesamt noch 16 Warften verblie-

ben. Die Einwohnerzahl wurde damals, in der Hochzeit der →*Seefahrtsepoche*, mit 700 angegeben. Vor der →Halligenflut 1825 zählte man auf 7,2 Quadratkilometern noch 100 Häuser mit etwa 330 Einwohner. Bereits 25 Jahre später waren es nur noch 70 Häuser und 250 Einwohner.

Aktuell umfasst Hooge 6 Quadratkilometer und es leben dort gut 100 Einwohner mit Erstwohnsitz auf neun Warften. Von Ost nach West sind dies: Ockenswarft, Hanswarft, Backenswarft, Kirchwarft, Ockelützwarft, Vol-

Blick auf die Backenswarft, Ockenswarft und Hanswarft

Ein „Stock" quert den Priel an der Kirchwarft.

kertswarft, Ipkenswarft, Westerwarft und die aus zwei Warften zusammengelegte Mitteltritt/Lorenzwarft. Außerdem kann man bei einem Rundgang im Westen der Hallig gegenüber der Ipkenswarft noch die leichte Erhöhung der ehemaligen Pohnswarft erkennen. Die Bewohner verließen diese Warft nach der →*Halligenflut 1825*. Heute steht dort noch ein Windmesser. Hooge besitzt einen Sommerdeich, der ein →*Landunter* bei einem Hochwasser bis 1,5 Meter Höhe verhindert. Damit verringerte sich die Zahl der jährlichen Überflutungen deutlich und weitere Landverluste konnten aufgehalten werden. Gebaut wurde der Deich zwischen 1911 und 1913. Er war Teil einer ganzen Reihe von Projekten des Staates Preußen zum →*Halligschutz*. Im Februar 1962 wurde ein Großteil der Häuser durch eine schwere Sturmflut zerstört. Die wieder aufgebauten Häuser erhielten jedoch keine Reetdächer, sondern wurden mit Ziegeln eingedeckt. Zudem wurde jedes Gebäude mit einem tief im Warftboden verankerten Schutzraum versehen.

Das Zentrum der Hallig Hooge bildet die Hanswarft. Hier befindet sich ein

Die meisten Halliggäste werden mit Kutschen über die Hallig gefahren.

kleiner Supermarkt. Derzeit liegt der Laden noch im Inneren der Warft. Im Bau befindet sich ein neues Hallighaus am Warftrand, und zwar für den Supermarkt, einen Krankenpflegeraum, einen Aufenthaltsbereich und drei Wohnungen. Die Hanswarft wartet mit gastronomischen Einrichtungen, der Touristen-Information im Haus der Gemeindeverwaltung und dem →*Königspesel* auf. Ebenso lädt hier die Schutzstation Wattenmeer mit ihrer Nationalpark-Ausstellung zum Besuch ein. Auch auf der Backenswarft gibt es schöne alte →*Häuser* sowie ein weiteres Café

und ein Restaurant. Die →*Schule* mit aktuell neun Schülern liegt auf der Ockelützwarft und ist beim Rundgang als lang gestrecktes Gebäude auf der Westseite gut zu erkennen.

Bis zu 90 000 Tagesbesucher verleben jedes Jahr einige Stunden auf der Hallig Hooge. Die meisten dieser Gäste werden mit Kutschen über die Hallig gefahren. Ein unverzichtbarer Stopp findet dann auf dem Rückweg zum Schiffsanleger auf der Kirchwarft statt. Dort stehen die schöne Kirche aus dem 17. Jahrhundert und das imposante Pastorat aus dem 19. Jahrhundert. Sehr interessant ist auch der Besuch auf dem Friedhof direkt neben der Kirche. Dort werden heute noch Beerdigungen durchgeführt.

Auf der Rückseite findet man den Grabstein von Jens Sörensen Wand und seiner Frau. Er war viele Jahre Vogelwart auf →*Norderoog*.

Der →*Tourismus* ist die Haupteinnahmequelle der Halligbewohner. Die Bedeutung steigerte sich kontinuierlich vor allem seit den 1960er-Jahren und ist Teil eines tiefgreifenden Strukturwandels. Denn im gleichen Zeitraum verlor die →*Landwirtschaft* immer mehr an Bedeutung. Auf Hooge wird heute nur noch Nebenerwerbslandwirtschaft betrieben. Bei den Rindern auf den Wiesen handelt es sich zum Teil um „Pensionsvieh" vom Festland, das im Frühjahr mit der Fähre kommt und die Hallig im Herbst wieder verlässt.   hpz

In der Kirche von Hallig Hooge

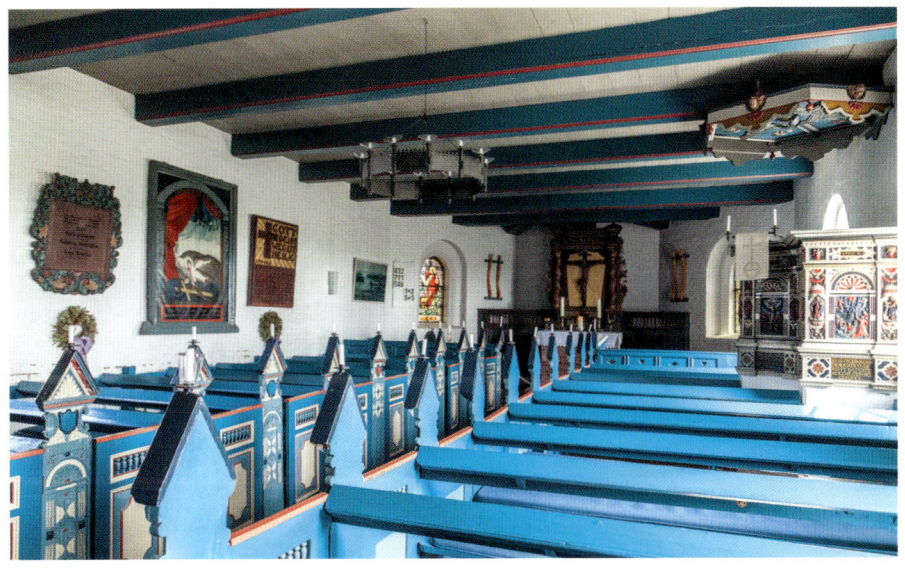

Klimawandel

Der durch menschliche Aktivitäten verursachte erhöhte Ausstoß von fossilem Kohlenstoff führt zu einem andauernden Anstieg der durchschnittlichen Luft- und Wassertemperaturen. Diese Temperaturerhöhungen bewirken in der Folge einen stetigen Anstieg der Meeresspiegelhöhe. Selbst wenn es gelingen sollte, die durchschnittliche Erhöhung der Temperaturen auf 1 Grad Celsius zu begrenzen, ist von einem Anstieg des Meeresspiegels bis zum Jahr 2100 um mehr als einen Meter auszugehen. Seit Anfang der 1990er-Jahre steigt der Meeresspiegel im Bereich der Halligen jedes Jahr um 3,4 Millimeter an. 75 Prozent dieses Anstiegs wird durch die Schmelze von Gletschern und Eisgebieten weltweit verursacht.

Diese Veränderungen bedeuten für die Halligen eine existenzielle Bedrohung. In den vergangenen Jahrhunderten brachte jedes →*Landunter* Sand und andere Schwebstoffe auf die Halligflächen. So wuchsen die Halligen immer weiter in die Höhe. Dieser Zuwachs lag in den vergangenen Jahrzehnten zwischen 3 und 4 Millimeter

im Jahr. Durch verbesserte Küstenschutzmaßnahmen kommt es seltener zu einem Landunter und das Wasser läuft auch schneller wieder ab. Dadurch wird ein intensiverer Stoffeintrag auf die Halligflächen verhindert. Das natürliche „Aufwachsen" der Halligen kann den Anstieg des Meeresspiegels zukünftig nicht mehr ausgleichen. Sollte diese Entwicklung so wei-

Sturmflut auf der Hamburger Hallig

tergehen, wird die Zahl der Landunter zunehmen und die →*Warften* müssten ständig weiter erhöht werden.

Durch die Erhöhung der Wassertemperaturen rund um die Halligen ist auch mit Veränderungen der Lebensgemeinschaften von Pflanzen und Tieren im Watt und in den Prielen zu rechnen. Dies wird wahrscheinlich zu unvorhersehbaren Folgen für das Überleben von Brut- und Rastvögeln führen. In Kombination mit der Ostwanderung der →*Außensände* steht in den kommenden Jahrzehnten ein tiefgreifender Wandel der Wattflächen und der dort lebenden Organismen bevor.

hpz

Knerken

Bei den Knerken handelt es sich um ein traditionelles Gebäck auf den Halligen. Sie sind lange haltbar und wurden deshalb früher von den Seefahrern als Proviant mit auf ihre Reisen genommen. Fast jede Halligfamilie hat ihr eigenes Knerkenrezept.

Für das folgende Rezept benötigt man: 250 g Butter, 150 g Zucker, 3 Eigelb, 2 Päckchen Vanillezucker, 300 g Mehl, 100 g Kartoffelmehl, $1/2$ Teelöffel Kardamom, 2 gehäufte Teelöffel Backpulver. Alle Zutaten werden verknetet und der Teig wird zu einer 3 cm dicken Rolle geformt. Diese wird in 1 cm dicke Scheiben geschnitten. Die Scheiben werden auf ein Backblech gelegt und mit Eigelb bestrichen. Im vorgeheizten Backofen werden sie dann goldbraun gebacken.   hpz

Schöne hallig
hallig Gröde

Kommunales

Die Halligen gelangten wie ganz Schleswig-Holstein 1864 vom dänischen Gesamtstaat zu Deutschland. Sie bildeten sodann einen Teil des 1867 gebildeten preußischen Landkreises Husum, der 1970 im Kreis Nordfriesland aufging.

Innerhalb des Kreises Nordfriesland gliedert sich die Halligwelt kommunalpolitisch folgendermaßen: Gemeinde →*Langeneß* mit →*Oland*, Gemeinde →*Hooge* mit →*Norderoog*, Gemeinde →*Gröde* mit →*Habel*; →*Süderoog* und →*Südfall* gehören zur Gemeinde Pellworm; die acht genannten Halligen sind zudem Teil des Amtes Pellworm, das seit 2008 eine Verwaltungsgemeinschaft mit der Stadt Husum bildet. →*Nordstrandischmoor* ist indes Teil der Gemeinde Nordstrand und damit des Amtes Nordsee-Treene. Die →*Hamburger Hallig* gehört zur amtsfreien Gemeinde Reußenköge. Bis 1941 waren auch →*Oland* und Nordmarsch eigene Gemeinden, sie kamen dann zu Langeneß. In der Hallig-Politik spielen seit einigen Jahren Frauen eine wichtige Rolle. Auf Langeneß wurde 2013 Heike Hinrichsen Bürgermeisterin, auf Hooge übernahm dieses Amt 2018 Katja Just, und für Nordstrandischmoor ist ebenfalls seit 2018 die auf der Hallig lebende Ruth Hartwig-Kruse als Bürgermeisterin der Gemeinde Nordstrand zuständig.

Inzwischen arbeiten die Halligen immer stärker zusammen. Sie gehören der „Insel- und Halligkonferenz" an, die sich 1997 als loser Zusammenschluss bildete und sich 2002 als Verein gründete. Hinzu kommt seit 2004 die →*Biosphäre Halligen.*   ts

Der Bewohner von Süderoog hatte bis 1965 gleichzeitig das Amt des Strandvogtes inne.

Königspesel

Das Haus des Kapitäns Tade Hans Bandixen liegt in der Mitte der Hanswarft auf Hallig →*Hooge*. Erbaut wurde es im Jahr 1776. Es zeichnet sich im Vergleich zu anderen →*Häusern* durch einen Vorbau aus, in dem sich der „Pesel" befindet. Dabei handelt es sich im Allgemeinen um die „gute Stube" in friesischen Häusern. Im Juli 1825 kam der dänische König Friedrich VI. nach Hooge, um die Folgen der →*Halligen-flut* zu begutachten. Dabei wurde er von einem kleinen →*Landunter* überrascht und konnte die Hallig nicht verlassen. So musste er die Nacht vom 2. zum 3. Juli auf der Hallig verbringen und wurde dafür im Haus des Kapitäns Bandixen einquartiert. Er übernachtete dort im Alkoven des Pesels. Seither wurde dieser Raum des Hauses der „Königspesel" genannt. Er ist mit Fliesen geschmückt, viele zeigen biblische Motive, dazu gibt es ein Schiffsbild, gemalt auf Fliesen. Über

dem Wandbett steht der Spruch: „Wie Gott es füget, so mir genüget. Nur wünsche zu erwerben ein seliges Sterben." Der Bileggerofen stammt aus dem Jahr 1669 und ist ebenfalls mit biblischen Motiven verziert. Insgesamt vermittelt der Königspesel mit den erhaltenen Möbeln und den Haushaltsgegenständen ein Bild der Halligkultur zu den Zeiten der →*Seefahrt*. Das Zimmer ist öffentlich zugänglich und wird bei Führungen durch die heutigen Besitzer präsentiert. hpz

Krabben

Nordseegarnelen (Crangon crangon) gehören zu den Zehnfußkrebsen. Sie werden landläufig zumeist als „Krabben" bezeichnet. Allerdings sind sie nicht mit den auch im Watt vorkommenden Strandkrabben (Carcinus maenas) verwandt. Sie werden bis zu acht Zentimeter lang und sind sandfarben. Man erkennt sie sofort an den Scheren und den langen Fühlern. Da sie von vielen anderen Tieren gejagt werden, vergraben sie sich flach im Sand. Mit der Flut wandern sie auf die Wattflächen zur Nahrungssuche. Bei Ebbe ziehen sie sich wieder in die Priele zurück.

Sie gelten heutzutage als begehrte Delikatessen. Das war in der Zeit vor dem Massentourismus noch anders. Für die Familien auf den Halligen gehörten die Garnelen zu den normalen Lebensmitteln. Man fing die „Porren" bei Niedrigwasser mit einem speziellen Netz („Gliep") im Priel. Zuständig für den Fang waren vornehmlich Frauen und Kinder. Die gefangenen Krabben wurden auf ein Sieb geschüttet und gespült. Nachdem sie gekocht waren, wurden die Garnelen „ge-

Krabbenfischen auf traditionelle Art: mit der Gliep

pult". Frisch zubereitet gab es die Tiere meist in Form von Krabbenfrikadellen oder als „Porrenpann". Überzählige Tiere wurden für den Winter eingesalzen. Wenn sie dann vor dem Verbrauch längere Zeit im Wasser lagen, konnten sie problemlos gegessen werden.   hpz

Landunter

Im Durchschnitt beträgt im Bereich der Halligen der Unterschied zwischen dem niedrigsten Wasserstand bei Ebbe und dem höchsten Wasserstand bei Flut insgesamt 2,5 Meter.

Mehrmals im Jahr wird diese Grenze aber deutlich überschritten. Die Halligen werden dann überflutet und laufen mit Wasser voll. Lediglich die →Warften mit den Wohnhäusern schauen dann noch aus den Fluten heraus. Zu dieser Situation kann es kommen, wenn mehrere Wetterphänomene zusammentreffen. Dazu gehört ein Sturmtief, das sich aus südwestlicher Richtung dem Wattenmeer nähert. Das Wasser staut sich dann vor der Küste und kann bei anhaltendem Wind nicht wieder in die Deutsche Bucht zurückfließen. Wenn sich dazu noch Erde, Mond und Sonne in einer besonderen Konstellation befinden, nämlich auf einer Linie, kann das den Flutberg weiter erhöhen.

Auf →Nordstrandischmoor wird dann die Hallig schon bei einem Wasserstand von weniger als einem Meter über dem mittleren Hochwasser „volllaufen". Auf →Gröde, →Langeneß und →Oland geschieht dies bei einem Wasserstand ab etwa einem Meter über dem mittleren Hochwasser.

Hallig →Hooge erfährt durch den vorhandenen Sommerdeich einen besonderen Schutz. Erst ab einem erhöhten Wasserstand von 1,5 Metern läuft das Wasser über den Deich in die Hallig.

Droht ein Landunter, gibt es für die Halligbewohner eine Vorwarnung vom Bundesamt für Seeschifffahrt und Hydrographie (BSH) in Hamburg. Über eine Telefonkette und das „Rundsagen" verbreitet sich die Nachricht auf den einzelnen Warften schnell. Jeder Einwohner erledigt in der Folge festgelegte Aufgaben, um die Warften auf eine eventuelle Überflutung vorzubereiten. Alles, was abtreiben könnte, muss befestigt werden. Zusätzlich müssen auf Langeneß, Nordstrandischmoor und Oland die Loren vor der Flut gesichert werden.

Ein „normales" Landunter gehört zum Halligjahr. Wenn sich das Wasser über das gesamte Land ausgebreitet hat, kehrt nach den eiligen Vorbereitungen Ruhe auf den Warften ein.

Ein Landunter wirkt sich natürlich auf den Alltag aus, man kann die anderen Warften nicht trockenen Fußes errei-

Nur noch die Warften der Hallig Nordstrandischmoor ragen aus dem Wasser.

chen, muss eventuell geplante Fahrten zum Festland verschieben und der Unterricht in den →*Schulen* fällt aus. Befindet sich Vieh auf dem Halligland, muss es rasch auf die Warft getrieben werden. „Landunter" ist auch der Titel eines Romans von Wilhelm →*Lobsien.* Manchmal wird der Begriff außerhalb der Halligwelt im übertragenen Sinne benutzt, wenn ein Mensch mit einer Situation überfordert ist.

Extreme Wetterbedingungen können aber auch zu außergewöhnlichen Ereignissen auf der Hallig führen. Kurz nach dem Kriegsende wurden auf Hooge alle Zauntore bei einer schweren Sturmflut weggeschwemmt. Die Hooger suchten in den folgenden Wochen per Zeitungsanzeige in den Gemeinden am Festland nach ihren Toren und baten um deren Rückgabe. Jede Hallig wird von →*Prielen* durchzogen. Über diese Wassergräben läuft das Wasser auch wieder ab. Es kann einige Stunden, aber auch mehrere Tage dauern, bis alle Straßen und Wiesen wieder abgetrocknet sind.

Ein Landunter ist nicht unbedingt eine →*Sturmflut,* erinnert aber immer an die potentielle Gefahr, die vom Meer ausgehen kann. Wie sich die Menge und die Heftigkeit der Landunter in Zeiten des →*Klimawandels* entwickeln werden, bleibt abzuwarten.   hpz

Landwirtschaft

Die Landwirtschaft war lange Zeit die wichtigste Lebensgrundlage auf den Halligen, abgesehen von der Epoche der →*Seefahrt*. Da die Ländereien bei →*Landunter* vom salzigen Nordseewasser überspült wurden, konnte kein Ackerbau betrieben werden, es war fast ausschließlich Grünlandwirtschaft möglich. Zwar gab es auf den Halligen mehrere kleine Bockwindmühlen, doch das Getreide, das man darin mahlte, musste vom Festland geholt werden. Als die meisten Männer auf den Weltmeeren unterwegs waren, wurden die landwirtschaftlichen Arbeiten größtenteils von den Frauen bewältigt.

Das Land wurde etwa bis zur Mitte des 20. Jahrhunderts in der Form der →*Allmende* bewirtschaftet. Auf den „Fennen" weidete das Vieh, das „Meedeland" diente der Gewinnung von Heu. Dieses wurde, in Laken eingebunden, zur Warft getragen oder mit einem Fuhrwerk dorthin befördert. Früher hielt man auf den Halligen mehr Schafe als Rinder, in der Gegenwart ist es umgekehrt. Man nutzte vor allem die Schafwolle, die aufs Festland verkauft oder von den Halligfrauen am Spinnrad verarbeitet wurde. Bevor die Tiere im Mai oder Juni geschoren wurden, trieb man sie am Ufer oder an einem Priel zusammen. Dort warf der Halligbauer ein Schaf nach dem anderen ins Wasser, um es gründlich zu waschen. Übrigens gibt es im Friesischen der Nachbarinsel Föhr die Redewendung „bockig wie ein Halligschaf". Die Kühe wurden bis in die 1950er- und

Schafe auf der Hallig Gröde

Rinderherde auf Langeneß

1960er-Jahre mit der Hand gemolken, die Milch zu Butter und Käse weiterverarbeitet. Aus dem Kuhdung gewann man die →*Ditten* als Feuerungsmaterial. In fast jedem Haushalt wurde mindestens ein Schwein gehalten, außerdem Federvieh. Ein großes Ereignis in einem Hallighaushalt war jeweils das „Schlachtfest". Viele Rinder wurden zum Schlachten nach Husum verkauft. Seit längerer Zeit schon schicken Landwirte des Festlandes „Pensionsvieh" auf die Halligen, das dort die salzige Nordseeluft schnuppern und das saftige Gras der Salzwiesen genießen kann. Zum Herbst gibt es dann keinen Almabtrieb wie im Gebirge, wohl aber einen „Halligabtrieb". Die Rinder werden teils übers Watt getrieben, teils von einem umgebauten Truppentransporter ans Festland gebracht.

Die Landwirtschaft ergänzte man durch die Nutzung der Natur. So verzehrte man als Gemüse den Strandwegerich, „Suden" genannt, jagte Enten, Gänse und →*Seehunde*, sammelte Vogeleier, fing →*Fische* und →*Krabben*.

Die Landwirtschaft wird heute fast nur noch im Nebenerwerb betrieben.   ts

Langeneß

Langeneß ist mit einer Länge von fast zehn Kilometern und einer Breite von 600 bis 1500 Metern die weitaus größte der zehn Halligen, also „die Größte der Kleinen". Sie bildet seit 1941 mit der Hallig →*Oland* zusammen eine politische Gemeinde, die zum Amt Pellworm gehört. „De Nees" wurde 1438 erstmals urkundlich erwähnt. Der Name bedeutet wohl „Nase, Landvorsprung".

Durch Dammbauten, Lahnungen und natürlichen Anwuchs wurde das alte Langeneß in der Mitte des 19. Jahrhunderts mit den Nachbarhalligen Nordmarsch und Butwehl verbunden und umfasst heute eine Fläche von etwa 11,5 Quadratkilometern. Nordmarsch ist der westliche Teil der heutigen Hallig, Butwehl der südliche in der Mitte. Zwischen Nordmarsch, das bis 1941 eine eigene Gemeinde bildete, und Langeneß verläuft noch heute ein großer Priel, Ley genannt. Den Namen Nordmarsch erklärte Lorenz Lorenzen 1749 in seiner „Genauen Beschrei-

Hilligenley und Rixwarf

bung der wunderbaren Insel Nordmarsch" damit, dass „vor alten Zeiten" im Südosten eine andere Landschaft namens Südermarsch gelegen habe. Butwehl mit seinen drei Warften ist nach wie vor durch den nur noch etwa vier Meter breiten Priel „Wehl" (Oster- und Westerwehl) von Langeneß abgegrenzt. Ohnehin gibt es auf der Hallig mehrere größere und kleinere Priele wie „Ilef" und „Ridd" und Vertiefungen, die vor allem nach Landunter lange voll Wasser stehen, die „Sikken".

Von den mindestens 29 →*Warften*, die

für die drei Halligen aus alter Zeit bezeugt sind, existieren noch 18. Es sind von West nach Ost: Rixwarf, Hilligenley, Kirchhofswarf, Mayenswarf, Süderhörn, Norderhörn, Ketelswarf, Tamens-, Christians-, Tadens-, Kirch-, Honkens-, Peters-, Neu-, Hunnens-, Peterhaitz- und Bandixwarf; auf der Warft Treuberg entsteht ein kleines Versorgungszentrum mit Kaufmannsladen. Außerdem gibt es zwei unbewohnte Warften: die Alte Peterswarf, auf der 1902 der 11,5 Meter hohe Leuchtturm Nordmarsch errichtet wurde, und Neupeterswarf, die nach der Sturmflut von 1962 aufgegeben wurde. Im Lauf der Jahrhunderte verlor die Hallig an Substanz. Vor allem nach der →*Halligenflut von 1825* verließen viele Menschen Langeneß, Nordmarsch und Butwehl. Ende des 19. Jahrhunderts begann der →*Halligschutz*. Durch den Bau eines Damms über Oland zum Festland 1897–99 und einer Steinkante 1901–04 konnten die ständigen Landverluste beendet werden. 1930–34 wurde ein 17,5 Kilometer langer Sommerdeich mit einer Höhe von 1,4 Metern über dem Mittleren Tidehochwasser errichtet. Dennoch kommt es ungefähr 15 bis 20 Mal

Die Kirche von 1894

im Jahr zu →*Landunter.* Eine regelmäßige Fährverbindung besteht vom Anleger auf der Rixwarf über die Hallig Hooge nach →*Schlüttsiel* auf dem Festland. Die Benutzung des Autos auf der Hallig ist erlaubt, es gibt aber keine Tankstelle. Für das Einkommen der etwa 100 Einwohner sorgen außer der →*Landwirtschaft* im Nebenerwerb der Küstenschutz und insbesondere der →*Tourismus.* Dafür stehen knapp 190 Betten zur Verfügung.

2013 wurden über 5 000 Gäste und mehr als 22 000 Übernachtungen gezählt. Auf Mayenswarf wird ein Hotel betrieben. Viele Gäste zieht seit 2009 die Reihe „Kultur auf den Halligen" mit Konzerten, Lesungen und Kabarettabenden in einem Schafstall auf Hilligenley an.

Die reetgedeckte Kirche auf der Kirchwarf wurde 1894 auf den Grundmauern eines Vorgängerbaus errichtet. Das Inventar stammt teils aus der alten Kirche von Nordmarsch. Sehenswert sind der bemalte Flügelaltar von 1670, die Kanzel von 1696 und das Gestühl von 1686. Ein Taufstein aus Muschelkalk wird auf das 13. Jahrhundert datiert, der heute benutzte stammt vom Ende des 16. Jahrhunderts. Das dem flämischen Maler Gerard Seghers (1594–1651) zugeschriebene Ölgemälde „Die Enthauptung Johannes des Täufers" soll 1706 als Strandgut angetrieben sein, man empfand die Darstellung aber als zu grausam, das Bild hängt heute im Schloss vor Husum. Nordmarsch bildete bis 1838 eine eigene Kirchengemeinde. Deren erste Kirche stand auf der Nommenswarf, doch die Abbruchkante rückte so nahe heran, dass man 1732 inmitten der Hallig eine neue Kirche errichtete. Sie wurde in der Sturmflut 1825 schwer beschädigt und 1838 abgebrochen, nur der Friedhof verblieb hier. Die Warft heißt heute Kirchhofswarf.

Die kleine →*Schule* ist benannt nach Eugen Traeger (1855–1901), der sich für den →*Halligschutz* einsetzte. Drei Lehrkräfte, die sich zwei Stellen teilen, unterrichten hier zwölf Schüler. Auf

Auf der Honkenswarf kann die „Friesenstube" besucht werden.

der Ketelswarf ist seit 1987 das Kapitän-Tadsen-Haus, ein originalgetreu restauriertes utlandfriesisches Haus des 18. Jahrhunderts, zu besichtigen; davor steht der Nachbau einer für die Halligen einst typischen kleinen Bockwindmühle, das Original befindet sich seit 1953 im Friesenmuseum Wyk auf Föhr. Auf der Honkenswarf kann die „Friesenstube" besucht werden, ebenfalls mit Ausstellungsstücken zur Wohnkultur und aus der Zeit der →*Seefahrt*.

Berühmtester Sohn der Hallig ist Boye Richard Petersen (1869–1943), der Ka-

pitän des größten Segelschiffs der Welt, des Fünfmast-Vollschiffs „Preußen". Der ehemalige Landrat des Kreises Husum, Reinhold Borzikowsky (1913–1998), der sich sehr für die Halligen eingesetzt hatte, wurde 1988 zum Ehrenbürger ernannt. Bundesweit bekannt ist der Postschiffer Fiede Nissen (geb. 1949). Von 1977 bis 2014 versorgte er Langeneß, Oland, Gröde und im Sommer auch Habel mit Post. Fast 12 000 Mal fuhr er während dieser Zeit als selbstständiger Unternehmer mit seinem Schiff „Störtebekker" oder der Lore vom Festland zu den Halligen. ts

Lichtfest, Strom, Telefon

Seit den 1930er-Jahren erzeugte man auf manchen Halligen Strom durch Windmühlen und die Nutzung von Generatoren. Das 1953 anlaufende „Programm Nord" sollte in Schleswig-Holstein die wirtschaftlich und strukturell unterentwickelten Gebiete fördern. In wenigen Jahren veränderten sich die Lebensumstände. So wurden nacheinander die größeren Halligen mit einer Stromleitung an das Festland angeschlossen. →Langeneß und →Oland feierten 1954 „Lichtfest", →Hooge 1959, →Nordstrandischmoor 1975 und →Gröde 1976. Mit einem Schlag hielt die neue Technik mit Wasch- und Nähmaschinen Einzug in den Halligalltag. Radio und Fernsehen ließen die Halligen näher an das Weltgeschehen heranrücken. In den 1930er-Jahren hatten nur die Poststellen einen Telefonanschluss, seit den 1950er-Jahren konnte man auch aus dem eigenen Haus telefonieren. Und seit den 1990er-Jahren sind die Halligen an das weltweite Netz angeschlossen, die Internet-Verbindung wird nach und nach verbessert.   ts

Literatur

Eingang in die Welt der Literatur fanden die Halligen im 19. Jahrhundert. Johann Christoph Biernatzki (1795–1840), Pastor für →Nordstrandischmoor, erlebte 1825 die Folgen der →Halligenflut und linderte mit großem Einsatz die Not der Halligbewohner. Er verfasste Gedichte, deren Verkaufserlös den Opfern der Sturmflut zugutekam. In seiner 1836 erschienenen, christlich-missionarisch geprägten Erzählung „Die Hallig oder Die Schiffbrüchigen auf dem Eilande in der Nordsee" schilderte er die Sturmflut und machte als einer der ersten literarisch auf die Halligen aufmerksam. Seit 1825 Pastor in Friedrichstadt, verfasste er weitere Romane mit christlicher Ausrichtung. Sodann nahmen sich zwei heute weltweit bekannte Schriftsteller der Halligwelt an. Als 1844 Hans Christian →Andersen sonnige Tage in der Sommerresidenz des dänischen Königs in Wyk auf Föhr verbrachte, besuchte er die Hallig →Oland. Seine dortigen Eindrücke verarbeitete er in dem 1848 erschienenen Roman „Die beiden Baroninnen". Später war es Theodor →Storm, der in

Gedichten und Novellen die Welt des Wattenmeers mit seinen Halligen einfing. Theodor Mügge (1806–1861) beschrieb sie in seinem zweibändigen Werk „Streifzüge durch Schleswig-Holstein" (1846) und schilderte später eindrucksvoll eine Sturmnacht auf einer Hallig.

Detlev von Liliencron (1844–1909) war 1882/83 Hardesvogt auf Pellworm und verfasste Erzählungen und Gedichte, in denen die Halligen eine Rolle spielen, so in der 1906 erschienenen Novelle „Die Könige von Norderoog und Süderoog". Besonders bekannt wurde seine Rungholt-Ballade „Trutz blanke Hans", in der es heißt: „Von der Nordsee, der Mordsee, vom Festland geschieden, / liegen die friesischen Inseln im Frieden. / Und Zeugen weltenvernichtender Wut, / taucht Hallig auf Hallig aus fliehender Flut." Später wurden die Halligen vor allem in Heimatromanen thematisiert. Der Husumer Albert Petersen (1883–1943)

schilderte in seinem 1920 erschienenen Roman „Arnold Amsinck", der mit einem ausführlichen Nachwort versehen 2015 neu herauskam, die abenteuerliche Geschichte der Hamburger Hallig. Als „Halligdichter" wurde Wilhelm →*Lobsien* bekannt, als „Dichterin der Halligen" Elfriede →*Rotermund*.

Auch Autoren der Gegenwart fanden und finden Motive auf den Halligen, etwa Kari Köster-Lösche (geb. 1946) in ihren auf →*Langeneß* spielenden Kriminalromanen wie „Mit der Flut kommt der Tod" (2005). In die Bestseller-Listen schaffte es das Buch „Barfuß auf dem Sommerdeich" (2017), in dem Katja Just erzählt, wie sie ihr Leben im turbulenten München gegen die Beschaulichkeit der Hallig →*Hooge* eintauschte.

Neben Belletristik gibt es eine Fülle von Sachliteratur über die Halligen; eine Auswahl wird am Schluss dieses Buches genannt. ts

Wilhelm Lobsien

Der „Halligdichter" wurde 1872 in Foldingbro an der Königsau, dem damaligen Grenzfluss zu Dänemark, geboren und wuchs als Sohn eines Zollbeamten in Tondern auf. Er wirkte als Volksschullehrer in Hoyer, ab 1896 in Kiel, zuletzt als Konrektor. Seine zahlreichen Romane und Novellen spielen überwiegend in Nordfriesland, vor allem auf den Halligen. Besonders bekannt wurden „Der Halligpastor" (1914) und „Landunter" (1921, mit Erläuterungen erneut 2018). Patriotismus und nationale Gesinnung prägten seine Erzählungen. Während des Nationalsozialismus war er Mitglied im „Eutiner Dichterkreis". Lobsien starb 1947 und wurde auf Hallig →Oland beigesetzt. Sein Werk ist im Wesentlichen der „Heimatkunstbewegung" zuzurechnen, die das ländliche Leben in seiner scheinbaren Natürlichkeit und Unverbrauchtheit darstellen wollte und alles „Volkstümliche" verklärte. Seine Romane und Erzählungen geben vielfach Aufschluss über die Eigenheit der kleinen Eilande im Wattenmeer, wenn sie auch nicht an die stilistische Kraft und Vielschichtigkeit heranreichen, die etwa das Werk Hans Christian →Andersens oder Theodor →Storms ausmachen. ts

Malerei

Von dem Sylter Lehrer und Chronisten Christian Peter Hansen (1803–1879) sind bereits aus dem Jahre 1833 Zeichnungen von →*Oland*, →*Gröde* und →*Langeneß* überliefert. Seit dem endenden 19. Jahrhundert „entdeckten" Kunstmaler die abgeschiedenen Eilande. Als einer der ersten besuchte der „Friesenmaler" Carl Ludwig Jessen 1885, wenn nicht schon früher, Langeneß. Zum „Maler der Halligen" wurde der aus Westerhever, Eiderstedt, stammende Jacob Alberts (1860–1941), der zuerst 1887 hierher kam. Die Halligen und das Wattenmeer galten noch als ödes, reizloses Gebiet, aber jetzt veränderte sich die Wahrnehmung. Der Philosoph Friedrich Paulsen etwa schrieb damals über die Welt seiner Vorfahren: „Die Inseln der Seligen können nicht schöner sein." Beim ersten Besuch auf Oland lernte er Jacob Alberts kennen, der später eine kurzzeitige Ehe mit einer Tochter Paulsens führte. „Seit dem Tage, da Dürer den heiligen Hieronymus im Gehäuse zeichnete, ist weltentrückte Stille und Einsamkeit nicht wirksamer gemalt worden", schrieb Paulsen über Alberts' Hallig-Bilder. Örtlichkeiten und Personen sind zumeist konkret bestimmbar wie auf dem Bild „Beichte auf der Hallig Oland" (1891): Andächtig steht der Pastor Hinrich C. Ketels vor seiner Gemeinde, hierfür stellten sich vier Halligleute als Modell zur Verfügung. Mehrere Bilder malte Alberts zur Zeit der Halligblüte im Hochsommer.

Viele Motive auf den Halligen und im Wattenmeer fand seit 1892 der große nordfriesische Landschaftsmaler Hans

Alex Eckener: „Sturmflut auf der Hallig"

Peter Feddersen (1848–1941). Es folgten zum Beispiel Otto Heinrich Engel (1866–1949), Alex Eckener (1870–1944), Ingwer Paulsen (1883–1943), der auch die meisten Bücher Elfriede →*Rotermunds* illustrierte, und der Husumer Albert Johannsen (1890–1975). Emil Nolde (1867–1956) war nicht oft Gast auf den Halligen, aber nach eigenem Bekunden liebte er die kleinen Eilande mit ihrem „atmenden Wechsel von Ebbe und Flut". In der Zeit des Nationalsozialismus stilisierten manche Maler Halligwarften zu „Trutzburgen gegen alles Artfremde". Andere fanden auf den Halligen Zuflucht vor geistiger Enge und Unfreiheit. Willy Graba (1894–1973) aus Dithmarschen wohnte zumeist im Sommer auf Langeneß, im Winter auf Ibiza, er zog 1965 ganz auf die Ketelswarf. Viele Halligbilder der genannten Maler sind im Nordfriesland Museum – Nissenhaus in Husum zu sehen. Der Hamburger Peter Lübbers (1934–1982) hatte sein Atelier auf der Hooger Hanswarft. Auch in der Gegenwart ziehen die Halligen viele Künstler an, genannt seien nur Frauke Gloyer (geb. 1961) und Christopher Lehmpfuhl (geb. 1972).   ts

Medizinische Versorgung

Noch im 19. Jahrhundert waren die Halligen manchmal Tage oder Wochen ohne Verbindung zum Festland oder zu den Nachbarinseln. Aber auch heutzutage ist die Fährverbindung nicht täglich möglich. Da es auf den Halligen keine Arztpraxis und keine Apotheke gibt, müssen alle ernsthaft Erkrankten zum Festland gebracht werden. In den letzten Jahrzehnten waren dann oft der Seenotrettungskreuzer oder die Fähre im Einsatz. Heute kommt der

Der Seenotkreuzer „Eiswette" ist im Hafen Strucklahnungshörn stationiert.

Hubschrauber vom Festland, zumindest wenn die Wetterlage es zulässt. Schwangere begeben sich für Untersuchungen und die Entbindung zum Festland, die Klinik in Husum hält ein Apartment für sie bereit. In früheren Jahrzehnten gab es Hebammen auf →*Langeneß*, →*Oland* und →*Hooge*. Weithin bekannt war etwa Frieda Kühn auf Oland. Annie Both brachte von 1957 bis 1984 auf Hooge 300 Kinder zur Welt.

Auf Langeneß und Hooge gibt es jeweils eine Krankenstation. Die dort arbeitenden Krankenpflegeteams können in vielen Fällen schon weiterhelfen. Auf Hooge gab es Versuche, dass pensionierte Ärzte alle 14 Tage zu Hausbesuchen auf die Hallig kommen. Für die Zukunft wird über den Ausbau der telemedizinischen Beratung nachgedacht.

Eine Besonderheit ist die Krankenlore auf Langeneß. Sie steht immer bereit, um schnell einen Kranken über den →*Damm* nach Dagebüll zu bringen. hpz

Nationalpark Wattenmeer

Alle Halligen liegen im Nationalpark Schleswig-Holsteinisches Wattenmeer. Er wurde 1985 als zweiter Nationalpark in Deutschland gegründet und ist

Nationalpark

Liebe Besucherin, lieber Besucher,

das Wattenmeer in Schleswig-Holstein, Hamburg und Niedersachsen wird als Nationalpark besonders geschützt und ist von der UNESCO als Weltnaturerbe ausgezeichnet. Der schleswig-holsteinische Nationalpark beginnt 150 Meter seewärts der Deichkrone. Viele seltene und gefährdete Pflanzen und Tiere haben hier ihren Lebensraum.

Bitte helfen Sie mit, diese Landschaft zu erhalten und vermeiden Sie Störungen der Natur. Beachten Sie bitte weitere Hinweisschilder, denn nicht alle Gebiete dürfen betreten werden.

Wir wünschen Ihnen einen erholsamen Aufenthalt.

Ihre Nationalparkverwaltung

Nationalpark
Wattenmeer

mit 4400 Quadratkilometern der größte Deutschlands. Die Inseln Sylt, Amrum, Föhr, Pellworm und die Halligen →*Hooge*, →*Oland*, →*Langeneß*, →*Gröde* und →*Nordstrandischmoor* gehören nicht zur Nationalparkfläche. Diese beginnt erst 150 Meter vom Scheitelpunkt der Seedeiche oder Uferbefestigungen entfernt, wenn man Richtung Wasser läuft.

Im Jahre 2009 wurde der Nationalpark als Weltnaturerbe anerkannt. Das →*Watt*, die Sandbänke und →*Salzwiesen* sind in Schutzzonen eingeteilt.

Auch die Hallig Süderoog gehört zum Nationalpark.

In Zone I ist keinerlei menschliche Nutzung erlaubt. Der Anteil dieser Flächen sollte in einem international anerkannten Nationalpark mindestens 75 Prozent betragen. Derzeit sind es aber noch nicht einmal 40 Prozent. Ein unrühmliches Beispiel ist der Förderturm des Ölfeldes Mittelplate vor Friedrichskoog. Das Ende dieser Ölförderung wird erst in einigen Jahren kommen. Das Wattenmeer wird nach wie vor von vielen Menschen genutzt werden, es ist und bleibt eine alte Kulturfläche. Konflikte zwischen dem Erhalt unberührter Natur und dem Erhalt der Kultur- und Tourismuslandschaft werden daher auch in Zukunft auftreten. Die anstehende grundlegende Transformation durch den →*Klimawandel* dürfte spätestens im

Jahr 2100 zu dramatischen Veränderungen führen.

Da die meisten Halligen in der Schutzzone I liegen, sind →*Wattwanderungen* dorthin nur mit zertifizierten Anbietern erlaubt. Es ist ebenfalls verboten, mit einem Boot bei Ebbe in den streng geschützten Bereichen „trocken zu fallen". Verbote mag niemand. Sie müssen aber sein, um die empfindlichen Lebensgemeinschaften möglichst wenig zu stören. Die „Kinderstuben" vieler Meeresfische und der Schweinswale, die Liegeplätze von →*Seehunden* und die Jagdgebiete von Seevögeln gilt es zu schützen. Im Nationalpark sind auch das Angeln und die Jagd verboten. Robben werden seit 1974 nicht mehr gejagt. Die früheren Robbenjäger kümmern sich heutzutage hauptsächlich um das Schicksal mutterlos aufgefundener Robbenbabys und um kranke oder verletzte Seehunde.   hpz

Norderoog

Norderoog liegt westlich von Hallig →*Hooge* und ist die einzige Hallig ohne eine →*Warft*. Sie ist bis heute in Privatbesitz, obwohl sie mitten in der Schutzzone I des →*Nationalparks* liegt und deshalb eigentlich gar nicht betreten werden darf.

Auf Norderoog brüteten 1886 noch bis zu 25 000 Paare Brandseeschwalben.

Heute sind es pro Jahr noch etwa 3 000 Paare dieser stark bedrohten Vogelart, die im Mai nach einem Langstreckenflug um den halben Erdball immer wieder auf der nur 0,1 Quadratkilometer großen Hallig eintreffen, um bis Juli ihr Brutgeschäft durchzuführen. Daneben finden sich noch →*Brutvögel* wie Seeschwalben, Austernfischer, Möwen und Rotschenkel.

Dieses einzigartige Naturparadies ist

Bei klarer Sicht erkennt man die zwei Hütten.

Auf der Hallig brüten die Brandseeschwalben (oben) und auch viele Flussseeschwalben.

visorische Hütte auf Pfählen errichtet. Der von Hooge stammende Justus Fedder war der letzte Besitzer der Hallig. 1909 bot er sie für den Preis von 12 000 Mark zum Verkauf an.

Der gerade erst gegründete Verein Jordsand zum Schutze der Seevögel aus Hamburg zeigte Interesse an einem Kauf, um die Brutkolonie der Seeschwalben effektiv vor Störungen und Eierdieben zu schützen. Es gelang in kurzer Zeit, das notwendige Kapital über Spenden einzusammeln. Auch der Dichter Detlev von Liliencron setzte sich noch kurz vor seinem Tod für den Kauf ein. Er schrieb in einem Zeitungsartikel: „Möge es dem Vaterland gelingen, die verhältnismäßig kleine Summe aufzubringen."

Der Verein erwarb die Hallig im Mai 1909 und begründete damit die erste „Seevogelfreistätte" an der Westküste Schleswig-Holsteins. Ehrenamtliche Vogelwarte verbrachten die Brutsaison auf der Hallig und vertrieben Jäger und Eiersammler. Sie lebten in der Holzhütte, die bis heute mehrere Nachfolger fand. Wenn man von Pellworm oder Hooge Richtung Nordosten oder Osten schaut, erkennt man bei klarer Sicht die Silhouetten der inzwischen

altes Kulturland. Schon im Mittelalter wird Norderoog urkundlich erwähnt und seitdem besiedelt. Doch die →Halligenflut von 1825 zerstörte die einzige Warft und die darauf befindlichen Gebäude zur Gänze. Die Lebensgrundlagen für eine dauerhafte Besiedlung durch den Menschen schienen nicht mehr gegeben. Die letzten dauerhaften Bewohner siedelten in der Folge nach Hooge um und kamen nur noch während des Sommers zum Eiersammeln und zur Heuernte längere Zeit nach Norderoog. Zu diesem Zweck wurde 1866 auf der Ostseite eine pro-

zwei Hütten. Versorgt wurden die Vogelwarte entweder über den Fußweg durch das Watt von Hallig Hooge oder durch Schiffe, die von Norderoogsand bis in die Nähe der Hallig fuhren. Der bekannteste Vogelwart war Jens Sörensen Wandt, der 1909 als erster Betreuer nach Norderoog kam und bis 1950 viele Sommer dort verbrachte.

Während Ende des 19. Jahrhunderts ansonsten der systematische →Halligschutz begann, verlor Norderoog in jedem Winter einen Teil seiner Fläche. Waren es um 1800 noch 0,5 Quadratkilometer, betrug der Verlust bis 1900 fast 50 Prozent. Aber auch die heute noch verbliebene Fläche kann nur durch die Hilfe vieler Jugendlicher aus ganz Europa erhalten werden. Sie kommen jeden Sommer nach der Brutsaison im Rahmen mehrerer Workcamps nach Norderoog, leben in Zelten und befestigen und sichern bei jedem Wetter die Uferbereiche.

Die Zukunft von Norderoog in den Zeiten des →*Klimawandels* ist ungewiss. Immer noch im Besitz des Vereins Jordsand, wird der Erhalt der Hallig als gemeinsames Projekt mit der Verwaltung des →*Nationalparks Wattenmeer* fortgeführt, obwohl es in der Kernfläche des Nationalparks keine Eingriffe des Menschen mehr geben sollte. Die Brutmöglichkeiten für bis zu 10000 Seevögel und die einzige Brutkolonie der Brandseeschwalbe in Schleswig-Holstein sollen jedoch möglichst lange erhalten bleiben.

Von Dauer wird die jetzige Situation nicht sein. Der nahe gelegene Norderoogsand (→*Außensände*) wandert jedes Jahr in Richtung Hallig und entwickelt sich immer mehr zu einer Insel. Vielleicht ist am Ende des 21. Jahrhunderts die Kultur- und Naturgeschichte von Norderoog beendet und es beginnt ein ganz neues Kapitel der Landschaftsentwicklung.

Wer Norderoog in der aktuellen Situa-

Grabstein für Jens Sörensen Wandt und seine Frau an der Hooger Kirche. Der „Vogelkönig" fand auf dem Rückweg nach Norderoog den Tod.

tion kennenlernen möchte, kann ab dem 15. Juli jeden Jahres an geführten →*Wattwanderungen* von der Hallig Hooge zur Vogelhallig teilnehmen.

hpz

Nordstrandischmoor

„Lüttmoor", wie Nordstrandischmoor auf →*Plattdeutsch* genannt wird, ist zusammen mit der →*Hamburger Hallig* die jüngste Hallig. Bei der verheerenden →*Sturmflut* von 1634 retteten sich Bewohner von Alt-Nordstrand auf das hohe Moor in der Mitte der Insel, manche Überlebende ließen sich hier fest nieder. Die nun entstandene Hallig war etwa 5 Quadratkilometer groß, heute sind noch 1,9 verblieben. Die Hallig mit 24 Einwohnern gehört zur Gemeinde Nordstrand. Die vier →*Warften* bilden die charakteristische

Die Skyline der Hallig mit ihren vier Warften.

Skyline, es sind von Ost nach West Norderwarft, Halberwegwarft (zurzeit unbewohnt), Amalienwarft (Schulwarft) und Neuwarft.

Mit Genehmigung des Herzogs von Gottorf konnte 1656 eine kleine Kirche errichtet werden. Hier wirkte der Chronist Anton Heimreich (1626–1685) als Pastor, sein Sohn Heinrich

Auf der Amalienwarf befindet sich wohl die kleinste Schule Deutschlands. Davor steht ein Sturmflutpfahl, der an die Sturmfluten erinnert.

(1661–1730) folgte ihm. Die Kirche wurde bei der Weihnachtsflut 1717 zerstört, die auf der Hallig 16 Menschenleben forderte. Drei weitere Kirchbauten zerfielen bei späteren Sturmfluten, der 1821 errichtete wurde bereits vier Jahre später bei der

→*Halligenflut* weggerissen. Als letzter Pastor wirkte Johann Christoph Biernatzki, der die Halligen in die belletristische →*Literatur* einführte. Die Geistlichen sorgten zunächst auch für den Schulunterricht. Ein eigener Lehrer kam 1822 auf die Hallig. Die →*Schule* auf der Amalienwarft ist mit zurzeit vier Kindern wohl die kleinste Deutschlands. Der Raum wird auch für Gottesdienste genutzt, die der Nordstrander Pastor hier hält. Vor dem Gebäude steht ein kleiner Glockenturm.

In der Nähe liegt der eigentümliche Friedhof, auf dem bis ins 20. Jahrhundert hinein die Halligbewohner bestattet wurden. Um den Wellen keine

Auf dem Friedhof der Hallig hat man die Grabsteine (Bild oben) flach in den Boden eingelassen.

Die Lorenbahn ist die Lebensader für Nordstrandischmoor, auf der alles transportiert wird.

Angriffsfläche zu bieten, hat man die Grabsteine flach in den Boden eingelassen. Etwa 20 bis 30 Mal im Jahr gibt es →*Landunter*.

Kurz vor dem Ersten Weltkrieg begannen Arbeiten zur Befestigung der Hallig. Aber erst zwischen 1926 und 1935 wurde die Steinkante fertiggestellt. Der 6,5 Kilometer lange Lorendamm zum Cecilienkoog auf dem Festland entstand 1933/34. Durch die Eindeichung der Nordstrander Bucht 1987 verkürzte sich die Strecke auf 3,5 Kilometer. Endstation für die „Loren" auf dem Festland ist Lüttmoorsiel im Belt-

ringharder Koog. Dort stehen die Autos der Halligleute, die also ohne großen Aufwand nach Bredstedt, Husum oder anderen Festlandsorten fahren können. Im Süden von Nordstrandischmoor befindet sich eine Anlegestelle, an der vor allem Ausflugsschiffe von Strucklahnungshörn auf Nordstrand festmachen, im Westen der Hallig liegt ein kleiner Segelhafen. Im Sommer werden von Lüttmoorsiel aus →*Wattwanderungen* angeboten. Seit 1963 versorgten Stromaggregate die Halligleute, seit 1975 erhalten sie Strom und Wasser vom Festland.   ts

Oland

Oland ist die nördlichste Hallig. Sie gehört seit 1941 zur Gemeinde Langeneß. Die Hallig ist 2,9 Kilometer lang und zwischen 0,5 und 1,0 Kilometer breit, sie umfasst etwa zwei Quadratkilometer. Auf den großen →*Salzwiesen* brüten vor allem Möwen und Limikolen.

1769 gab es hier drei →*Warften* mit 73 Häusern. Die Kirchwarft nahm sich zu Beginn des 19. Jahrhunderts die Nordsee, und in der Mitte des 19. Jahrhunderts musste auch die Warft Piepe aufgegeben werden. Heute stehen alle 17 Häuser dorfähnlich auf einer einzigen großen Warft, die mit einem niedrigen Schutzdeich umgeben ist und in

Im Mittelpunkt der Warft liegt der Fething.

deren Mittelpunkt sich der →*Fething* befindet. Die Einwohnerzahl nahm mit dem Niedergang der →*Seefahrt* stark ab. Bei der ersten Volkszählung 1769 waren es 269, 1803 noch 210. Nach der →*Halligenflut von 1825*, als 33 von 36 Wohnungen zerstört wurden, verließen viele Menschen die Hallig, darunter der Vater des Pädagogen Friedrich Paulsen. 1835 lebten noch 83 Personen auf Oland, 1860 nur noch 57, in der Gegenwart 25. Mehrere Häuser befinden sich als Zweit- oder Ferienwohnungen im Besitz von Auswärtigen.

Oland ist der älteste bekannte Name einer Hallig, er wurde schon 1231 im Erdbuch des dänischen Königs Waldemar II. erwähnt. Das dort gemeinte Gebiet ist aber vermutlich nicht iden-

Der reetgedeckte Leuchtturm

tisch mit der heutigen Hallig, die, wie die meisten anderen Halligen, nach der →*Sturmflut* von 1362 aufwuchs. Der Halligname, friesisch Ualöön, steht vermutlich für „Eiland". 1897–99 wurde ein erster →*Damm* zum Festland und nach →*Langeneß* errichtet, eine neue sechs Kilometer lange Verbindung nach Dagebüll entstand 1927. Auf dem Damm verkehren „Loren". Schiffe laufen Oland vor allem von →*Schlüttsiel* im Hauke-Haien-Koog aus an. Beliebt sind →*Wattwanderungen* von Dagebüll aus. Seit 1954 erhält die Hallig elektrischen Strom und seit 1964 frisches Wasser vom Festland.

Der Leuchtturm gilt als einziges reetgedecktes Leuchtfeuer an der deutschen Küste und misst nur 7,45 Meter in der Höhe. In der kleinen →*Schule* gibt es zurzeit keine Kinder. 1824 wurde an der Stelle ihrer 1709 erbauten Vorgängerin eine neue Kirche Sankt Petri errichtet. Der kleine Saalbau aus Backstein ist mit Reet gedeckt. Der Taufstein stammt aus romanischer Zeit, Altar und Kanzel wurden 1620 gefertigt. Noch älter sind spätgotische Statuetten aus Eichenholz, die Christus und die Apostel darstellen. Auf dem Friedhof steht der hölzerne Glockenstapel mit vier Ständern, er wurde 1927 erneuert, wie der Wetterfahne

Kirche Sankt Peter

Der Altar und die Kanzel stammen aus dem Jahr 1620.

zu entnehmen ist. Oland ist ein Schauplatz in dem Roman „Die zwei Baroninnen" von Hans Christian →*Andersen*. Auf der Hallig wohnte anderthalb Jahrzehnte lang Elfriede →*Rotermund*, manche ihrer Erzählungen und ein großer Teil des Romans „Godber Godbersen" spielen auf Oland. Auf dem Friedhof fand der „Halligdichter"

Wilhelm →*Lobsien* seine letzte Ruhe. Noch in den 1960er-Jahren waren die Oländer vielleicht zweimal im Jahr auf dem Festland, heute sind sie es im Schnitt wohl jede Woche. Ihre Autos stehen in Dagebüll bereit, so können Veranstaltungen in Niebüll, Husum oder Hamburg besucht und sonstige Dinge erledigt werden.   ts

Personen

Viele Personennamen auf den Halligen sind friesischer Herkunft, zum Beispiel die männlichen Rufnamen Momme, Edlef, Ipke, Frerk oder Nommen und die Frauennamen Sieke, Sabbe, Antje, Nomke oder Stienke. Auch viele →*Warften* sind nach Personen benannt, etwa die Backens- und Ockenswarft auf →*Hooge*, die Bandix- und die Ketelswarf auf →*Langeneß* oder die Knudtswarft auf Gröde. Die Nachnamen wurden bis etwa 1800 in patronymischer Weise gebildet. Bei Jungen wurde an den Vornamen des Vaters die Silbe -sen (also Sohn von) angehängt, während die Frauen einen Genitiv bekamen. Der Sohn eines Frerk hieß also mit Nachnamen Frerksen, die Tochter und die Ehefrau hingegen Frerks.

Die kleine Halligwelt hat so manche besondere Persönlichkeit hervorgebracht. Von den vielen →*Seefahrern* sei genannt Haye Laurens (1753–1835) von der Hallig Hooge; er leistete mit seinem Schiff 1804 dem späteren französischen König Ludwig XVIII. Beistand und wurde dafür reich beschenkt und ausgezeichnet. Boye Richard Petersen (1869–1943), geboren

Die „Preußen", eines der größten Segelschiffe

auf Langeneß, befehligte seit 1902 als Kapitän die „Preußen", eines der größten Segelschiffe, die je gebaut wurden. Bedeutsam für die Halligen war und ist die Schifffahrt im Wattenmeer. August Jakobs (1920–2015), geboren auf Langeneß, nahm mit einem aus Wehrmachtsbeständen erworbenen Schiff 1948 als Selbstständiger den →*Fährbetrieb* zwischen Bongsiel, den Halligen und Amrum auf; 1960 gründete er die Amrumer Schiffahrts-Aktien-Gesellschaft (ASAG), die 1971 in der Wyker Dampfschiffs-Reederei (WDR) aufging.

Bekannte Postschiffer in der Halligwelt waren Wirk Matthiesen, Langeneß, und Hans von Holdt (1905–1991), der drei Jahrzehnte lang zwischen Hooge und Pellworm unterwegs war. Von 1977 bis 2014 sorgte Fiede Nissen (geb. 1949), Langeneß, für die Beförderung der Post mit seinem Schiff „Störtebeker" oder auch mit der Lore. Durch viele Berichte in Presse, Funk und Fernsehen wurde er bekannt. Legendäre Briefträger, die zu Fuß übers Watt bei Wind und Wetter die Post nach den kleinen Halligen trugen, waren Lorenz Ebsen, der fast vier Jahrzehnte lang zwischen Nordstrand und Südfall unterwegs war und 25 000 Kilometer zurücklegte, und Heinrich Liermann, der diese Aufgabe 45 Jahre lang zwischen Pellworm und Süderoog versah. Bereits seit 2001 ist auf dieser Strecke der Wasserbauer Knud Knudsen unterwegs, bis in den November hinein jeweils barfuß.

Weithin bekannt war auch „Käpt'n Magda", eigentlich Magda Matthiessen (1898–1976), von der Hallig Oland. Sie wirkte auf dem →Damm zum Festland als einzige weibliche Segelloren-Kapitänin der Welt. 1946 übernahm sie den Lorenverkehr, mit 72 ging sie in den Ruhestand. Stets trug die couragierte Frau ihre Kapitänsmütze.

Auf Nordstrandischmoor wirkten drei Pastoren aus der Familie Heimreich. Erster Prediger auf dem Moor überhaupt nach der Sturmflut 1634 wurde 1642 Sebastian Heimreich. Aber ihm wurde ein „unordentliches" Leben vorgeworfen, 1649 verlor er sein Amt. Er betreute dann eine Gemeinde in der Uckermark, wurde später Prediger in Amsterdam und in Afrika. Sein jüngerer Bruder Anton (1626–1685) studierte in Helmstedt, Jena und Leiden, bereiste mehrere europäische Länder, kannte Paris, Rom und London. Von 1652 bis zu seinem Tod war er Pastor auf →Nordstrandischmoor. Einen Namen machte er sich besonders durch die 1666 erstmals veröffentlichte „Nord-Fresische Chronick". Sein einziger Sohn, Heinrich Heimreich (1661–1730), war sogar 45 Jahre lang Pastor auf Nordstrandischmoor und führte die Chronik seines Vaters fort, ausführlich berichtete er über die →Sturmfluten 1717–1721.

Bekannte Halligpersönlichkeiten waren zum Beispiel auch Hermann Neuton Paulsen, der mit der →Hallig der Jungs auf Süderoog ein einzigartiges

Friedenswerk betrieb, und Bandix Friedrich Bonken, geboren 1839 auf Gröde und gestorben 1926 in Fahretoft. „Böle Bonken" wirkte lange Zeit als Lehrer und Küster in Nebel auf Amrum. Trotz eines Augenleidens, das schließlich zur Erblindung führte, setzte er sich für die Bewahrung der friesischen Sprache und für den christlichen Glauben ein. Noch im hohen Alter zog er auf Langeneß von Haus zu Haus und hielt Bibelstunden ab. Für die friesische Sprache und Kultur wirkte auch der von Langeneß stammende, in Wyk tätige Lehrer Jens Lorenzen (1921–1995), der das Halligfriesische dokumentierte und mehrere Bücher veröffentlichte. Der Vater des Philosophen und Pädagogen Friedrich Paulsen (1846–1908) stammte von Oland. Eine imposante Erscheinung war die →*Halliggräfin* Diana von Reventlow-Criminil auf Südfall. Einen „Adelstitel" trug der „Vogelkönig" von Norderoog, Jens Sörensen Wandt (1875–1950), ein unvergessenes Original. Der langjährige Vogelwart verirrte sich im Mai 1950 auf dem Rückweg von Hooge nach →*Norderoog* und ertrank. Auf den Halligen wirkten auch namhafte →*Maler* und →*Literaten*.   ts

Plattdeutsch

Auf den Halligen wird die ursprüngliche Sprache →*Friesisch* nur noch wenig, aber recht viel Plattdeutsch gesprochen.
Niederdeutsch wurde nach der Reformation auch die Kirchen- und Schulsprache der Region, musste diese Funktion aber im 17. Jahrhundert an das Hochdeutsche abgeben. Die Verschiedenheit zwischen Niederdeutsch und Hochdeutsch geht zu einem großen Teil auf die zweite „Lautverschiebung", etwa zwischen 450 und 700, zurück. Damals wurden die Konsonanten p, t und k im Althochdeutschen „verschoben" zu f/pf, s/z und zu dem Reibelaut ch. Dies ist zum Beispiel zu erkennen bei Peerd – Pferd, Appel – Apfel, twee – zwei, Water – Wasser, bruken – brauchen, ik – ich. Ein niederdeutsches d erscheint im Hochdeutschen häufig als t: Dag – Tag, raden – raten.
Zeitweise wurde Plattdeutsch abfällig behandelt. Heute schätzen viele Menschen erneut den Wert der Regionalsprache. Auch auf den Halligen wird sie gepflegt, bei Theaterspiel, Gesang und manchmal in den →*Schulen*.   ts

Priel

Ein Priel ist ein natürlicher Wasserlauf, der, oftmals in vielen Seitenarmen, durch das →*Watt* oder die Hallig führt. Im Watt kann er die Fortsetzung der Halligpriele sein oder von der Küste zur freien Nordsee führen. Über die Priele gelangt das Wasser bei Flut ins Wattenmeer. Die Priele auf den Halligen dienen der Entwässerung nach jeder Flut und nach →*Landunter.* In früheren Zeiten waren sie auch die Hauptverkehrswege auf der Hallig. Mit flachen Booten wurden Dinge des täglichen Gebrauchs zu den Warften gebracht. hpz

Priel auf Hallig Gröde

Queller

Diese Blütenpflanze (Salicornia europea) ist am Übergang der Halligufer zum Watt zu finden. Ihre fleischigen Blätter sind im Frühjahr und Sommer grün und verfärben sich zum

Herbst hin rot. Dieser Farbwechsel wird durch das Salzwasser der Nordsee hervorgerufen. Die Pflanze nimmt mit jeder Überflutung Salz auf und speichert es in ihren Zellen. Bis zum Herbst ist die Konzentration so hoch, dass die Pflanze abstirbt.

Während der Blüte im Sommer bildet jede Pflanze bis zu 10 000 Samen, aus denen im kommenden Frühjahr die nächste Quellergeneration auskeimen kann. Die Samen werden nach dem Absterben der Pflanzen freigesetzt und durch Ebbe und Flut weiterverbreitet.

Früher wurde die Asche dieser Pflanzen zur Bereitung von Soda als Grundstoff für die Seifen- und Glasproduktion genutzt. Davon abgeleitet ist auch die alte Bezeichnung „Glasschmelz". Der Queller führte lange Zeit ein Schattendasein. Vor einigen Jahren wurde er jedoch für die Gourmetküche entdeckt, da die fleischigen Blätter im Frühjahr und Sommer durch das eingelagerte Salz eine sehr schmackhafte Beilage sowohl zu Fleisch- als auch zu vegetarischen Gerichten bilden. In den Niederlanden wird Queller schon lange als Gemüse genutzt und ist dort als „Zeekral" bekannt.   hpz

Ringelgans

Ein Geschöpf, das sich durch „Anmut, Geselligkeit und Friedfertigkeit" auszeichnet, heißt es in „Brehms Tierleben" über die dunkelbäuchige Ringelgans (Branta bernicla). Es handelt sich um eine kleine Gänseart mit einem Gewicht von maximal 1,5 Kilogramm. In jedem Frühjahr und in jedem Herbst kommen die Gänse zu Tausenden auf die Halligen und die Inseln im nordfriesischen Wattenmeer. Sie sind →*Zugvögel* und verbringen den gesamten Winter in Westfrankreich und den südöstlichen Küstenbereichen Englands. Von dort fliegen sie ab März ins nordfriesische Wattenmeer. Es ist für die Tiere der Zwischenstopp auf dem weiten Weg zu ihren Brutquartieren an der Nordküste von Sibirien. Im Wattenmeer rasten die Gänse bis in den Mai und weiden bei Hochwasser auf den Wiesen der Halligen und der Inseln. Bei Ebbe fliegen sie ins Watt und fressen in den Seegrasbeständen. Auf →*Hooge* und →*Langeneß* können sich im April viele Tausend Tiere aufhalten. Sie werden im Wattenmeer heute nicht mehr bejagt und sind überall auf den Halligen zu beobach-

ten. Wenn sie sich gestört fühlen, fliegen sie in Trupps ein Stück weiter und lassen während des Fluges ein tiefes, dumpfes und nasales „rott, rott, rott" oder „rott rorott" hören. Während des Sommers sind fast keine Ringelgänse mehr im Wattenmeer. Erst auf dem Rückflug von Sibirien kommen die Gänse im Herbst wieder zurück und ziehen dann weiter in ihre Winterquartiere.

Der Aufenthalt der Ringelgänse ist für die Halligen ein wichtiges Ereignis im Jahreslauf. Um diese Bedeutung zu unterstreichen, werden seit 1997 „Ringelganstage" veranstaltet. Jedes Jahr zwischen April und Mai gibt es viele Angebote rund um die Ringelgans.

hpz

Elfriede Rotermund

Die „Dichterin der Halligen" kannte die kleinen Eilande aus eigener Anschauung. Schon als junge Frau war sie 1905 mit 21 Jahren hierhergekommen und verbrachte bald darauf einen Genesungsaufenthalt auf →Habel. Es waren die ersten Begegnungen mit einer Welt, die sie nicht mehr losließ. Geboren wurde Elfriede Schönhagen 1884 in dem am Teutoburger Wald gelegenen Ort Schlangen. Von 1912 bis 1928 wirkte sie als Lehrerin auf →Oland, ihr Mann war hier Pastor. In diesen 16 Jahren entstand unter anderem der große Hallig-Roman „Godber Godbersen" (1928, Neuausgabe mit Erläuterungen 2008). Die Handlung spielt im 18. Jahrhundert und schildert mit langem Atem, aber eindringlich die Bedeutung und die Gefahren der →Seefahrt. Weiter schrieb sie zahlreiche Novellen wie „Einsame Ufer" (1925), „Die große Stille" (1926) oder „Wenn die Stürme schweigen" (1929). Fast alle Bücher wurden von dem →Maler Ingwer Paulsen (1883–1943) aus Halebüll bei Husum illustriert. Elfriede Rotermund starb 1966 in Flensburg.   ts

Salzwiese auf Hallig Gröde

Salzwiesen

Alle Halligen sind dem dauernden Wechsel von Ebbe und Flut ausgesetzt. Im Übergangsbereich vom Wasser zum Land werden bei jeder Flut Sand- und Lehmteilchen abgesetzt. Dieser Bereich wenige Zentimeter über dem mittleren Hochwasserstand bietet Besiedlungsmöglichkeiten für verschiedene salzliebende Pflanzenarten. Als Pionierart wandert zuerst der →Queller ein. Durch die kontinuierliche Ablagerung von Schwebstoffen

wächst der trockenere Bereich durchschnittlich einen Zentimeter pro Jahr. Dann können weitere Pflanzenarten wie →*Halligflieder,* Strandwermut, Strandaster, Portulak-Keilmelde, Andelgras, Strandsode, Stranddreizack, oder Rot-Schwingelgras zuwandern. Es sind insgesamt rund 45 Pflanzenarten bekannt, die die Fähigkeiten besitzen, das Salz des Meerwassers zu tolerieren.

Viele Tierarten, darunter bis zu 50 Vogel- und 2000 Insektenarten, nutzen die Salzwiesen als Lebensraum. Damit kommt den Salzwiesen als Ökosystem nicht nur eine zentrale Bedeutung für das Wattenmeer zu. Es handelt sich darüber hinaus um Feuchtgebiete von internationaler Bedeutung.

Vor den schleswig-holsteinischen Deichen und auf den nordfriesischen Halligen gibt es mehr als 100 Quadratkilometer Salzwiesen. Die Hallig →*Hooge* bildet, bedingt durch den höheren Sommerdeich, dabei eine Ausnahme. Dort findet man nur noch Reste der früheren Salzwiesenvegetation.

hpz

Schlüttsiel

Der Hafen Schlüttsiel, gelegen am Außendeich des Hauke-Haien-Koogs in der Gemeinde Ockholm, wird seit 1960 als Ausgangspunkt regelmäßiger →Fährverbindungen der Wyker Dampfschiffs-Reederei nach →Hooge und →Langeneß genutzt. Der Name bedeutet Siel am Schlütt; durch den Durchlass im Deich fließt das Wasser aus dem Binnenland in den Priel „Schlütt", der zwischen den Halligen Oland und Gröde verläuft und in den Wattenstrom Süderaue einmündet. Neben der Fährverbindung mit der „Hilligenlei" werden von Schlüttsiel aus Ausflüge nach den Halligen und den Seehundsbänken angeboten, etwa mit den Schiffen „Rungholt", „Hauke Haien" und „Seeadler". Im Hotel-Restaurant lässt sich mit Blick auf die Halligwelt speisen und logieren. Das benachbarte Service-Gebäude bietet in seinem Turm die Dauerausstellung „Watt'n Blick" zu Themen des Wattenmeers.

ts

Ausflugsschiffe in Schlüttsiel

Schulen

Auf den nordfriesischen Halligen gibt es fünf Schulen für Kinder von der Grundschule bis zum mittleren Bildungsabschluss. Sie werden vom Land Schleswig-Holstein betrieben, solange schulpflichtige Kinder auf der jeweiligen Hallig leben. Schulen gibt es auf den Halligen →Langeneß, →Oland, →Hooge, →Gröde und →Nordstrandischmoor, die auf →Oland und →Gröde sind zurzeit nicht in Betrieb. Die geringe Schülerzahl an den Halligschulen erfordert einen offenen Unterricht über Altersstufen und Schuljahrsgrenzen hinweg. Es gibt feste Unterrichtszeiten und Stundenpläne, die dem Lehrplan des Landes Schleswig-Holstein entsprechen. Die Fächer Deutsch, Mathematik und Englisch werden für jedes Alter getrennt unterrichtet. Im Bereich des Englischunterrichts findet zusätzlich für alle Halligschüler ein gemeinsamer Online-Unterricht statt. Vom Land Schleswig-Holstein wird dazu eine qualifizierte Fachlehrkraft zur Verfügung gestellt, die darüber hinaus durch regelmäßige Besuche der einzelnen Schulen den Kontakt fördert und die Lehrkräfte berät und unter-

Die Halligschule auf Langeneß

stützt. Die Besonderheit der Halligschulen erfordert viel Selbstständigkeit beim Erarbeiten neuer Lernstoffe und bei der sinnvollen Nutzung unterschiedlicher Informationsquellen. Nur noch auf Langeneß werden drei Lehrkräfte eingesetzt. Auf den anderen beschulten Halligen gibt es jeweils nur eine Lehrerin oder einen Lehrer. Die Halligen sind in den Wintermonaten mehrmals pro Jahr von einem →Landunter betroffen. Dadurch kann an diesen Tagen ein Unterricht im Schulgebäude nicht stattfinden. Die Schüler erhalten im Vorfeld oder per E-Mail geeignete Aufgaben, die an diesen Tagen zu bearbeiten sind. Wenn die Kinder auf weiterführende Schulen gehen wollen, müssen sie die Hallig verlassen und auf dem Festland ein Internat besuchen oder privat unterkommen. Auf Langeneß und Hooge gibt es seit wenigen Jahren auch Kindergärten.

hpz

Seefahrt und Walfang

Bis zur zweiten „Mandränke", der schweren →*Sturmflut* von 1634, lebten die Halligbewohner vor allem von den Erträgen ihres eigenen Landes. Sodann nahmen sie Anteil an der Seefahrtsepoche Nordfrieslands. Viele Halligfriesen fuhren ins Eismeer auf Walfang, der ihnen einen gewissen Wohlstand brachte.

Bis zum beginnenden 19. Jahrhundert machte die Seefahrt für die Männer der Halligen den bei weitem wichtigsten Broterwerb aus. Pastor Lorenz Lorenzen bemerkte 1749, dass „alle Manns-Personen auf Nordmarsch sich von Jugend an zur Schiffahrt angewöhnen", und weiter: „Es ist kaum zu beschreiben, wie traurig es läßet, wenn alle Mannspersonen von unserer Insel weggefahren sind. In den ersten Tagen nach ihrer Abreise ist alles gantz stille, man siehet fast niemand auf dem Felde gehen, und es scheinet, als ob die Einwohner fast gäntzlich ausgestorben wären." Für 1720 bezifferte Lorenzen die Anzahl der Seefahrer von Nordmarsch auf über 100. Viele Halligfriesen fuhren von niederländischen Häfen aus. Jes Siemsen, Pastor auf Nord-

marsch in den Jahren 1803–07, schrieb darüber: „Alle Producte des Luxus, als Zucker, Thee, Liqueure u.s.w. bringen sie, wenns möglich ist, von Holland mit, oder lassen sie von dorther kommen. Sie haben überhaupt eine große Vorliebe für Holland, und Amsterdam ist bey ihnen das non plus ultra."

Nicht wenige stiegen zu Steuerleuten, Kapitänen oder auf Walfangschiffen zu Kommandeuren auf. Den Winter nutzten sie häufig zur „Fortbildung" in privaten „Navigations-Schulen". In den Schleswig-Holsteinischen Provinzial-Berichten wurde 1794 über →*Hooge* berichtet: „Die meisten der jungen Mannschaft begeben sich, wenn sie einen Winter zu Hause sind, nach Föhr, um dort von einem alten Praktiker die Steuermannskunst zu lernen. Gegenwärtig gibt es auf Hooge 96 Seefahrer."

Die gefahrvolle Jagd auf den Wal brachte aber häufig Trauer auf die Halligen. Manchmal ereigneten sich noch nach der überstandenen Zeit im Eismeer Unglücksfälle, so im Jahr 1744: Auf dem Weg von den Niederlanden zurück nach Nordfriesland kenterte der Küstenfrachter, das „Schmackschiff", und riss 100 Männer von den In-

Immerwährender Kalender von 1827 in der Friesenstube auf Langeneß

seln und Halligen mit in den Tod. Von Nordmarsch ertranken dabei „im Angesicht des Vaterlandes" sieben, von →Langeneß elf Männer, und manche der toten Körper wurden an der Halligkante gefunden. Der Tod eines See-

manns wurde, so erzählte man sich, häufig durch einen Wiedergänger, einen „Gonger", angekündigt, Lorenz Lorenzen etwa beschreibt eine solche „seltsame Gespenster-Historie" ausführlich. Einen Eindruck von dieser Zeit vermittelt zum Beispiel der Roman „Godber Godbersen" von Elfriede →*Rotermund*.

Nicht nur der Walfang im Nordmeer war wichtig für die Halligleute, sondern auch die Handelsfahrt, etwa nach Ostindien. Die Männer verbrachten hier oftmals mehrere Jahre auf See, während sie beim Walfang im zeitigen Frühjahr die Heimat verließen und im Herbst zurückkehrten. Auch die Handelsfahrt barg viele Gefahren. Um 1790 hieß es, dass zwei Drittel der Frauen auf Hallig Nordmarsch Witwen seien. Den Frauen kam damals in der Halliggesellschaft ohnehin eine wichtige Rolle zu. Der Nordmarscher Pastor Jes Siemsen schrieb 1807: „Alle häuslichen Angelegenheiten stehen unter der speciellen Aufsicht der Weiber. Sie bestimmen Kauf und Verkauf ihrer Häuser und Ländereien, besorgen die Entrichtung ihrer Contribution, bestimmen Prediger und Küsterwahlen usw."

Noch zu Beginn des 20. Jahrhunderts machte ein Mann von den Halligen in der Seefahrt Furore: Boye Richard Petersen, geboren 1869 auf Langeneß und gestorben 1943 in Primkenau/Schlesien. Seine Familie zog schon in seinem sechsten Lebensjahr auf die Hallig Gröde, wo er mit fünf weiteren Kindern vom Halligpastor unterrichtet wurde. Boye soll sein Elternhaus

Fliesen auf Süderoog

Wal auf der Kanzeltür in der Hooger Kirche

schon sehr früh heimlich verlassen haben, um zur See zu fahren. In Wyk auf Föhr heuerte er als Koch und Junge auf einem Küstenfrachtsegler an. 1892 fuhr er bereits als 3. Offizier mit der „Pisagua" der Hamburger Reederei Laeisz nach Valparaiso/Chile. Seine Reederei übertrug ihm die Bauaufsicht für das Fünfmast-Vollschiff „Preußen". Von 1902 bis 1909 war er Kapitän des damals modernsten Großseglers und brach auf den Fahrten nach Südamerika alle Rekorde.

Die Seefahrt sorgte für eine Verbindung mit der großen Welt, die zusammen mit einer Verwurzelung in der kleinen Halligwelt wohl als ein besonderes Charakteristikum gelten kann. Manches auf den Halligen kündet noch heute von der Seefahrtsepoche, die manchmal als „goldene Zeit" etwas glorifiziert wird: die aus den Niederlanden importierten Fliesen in manchen Halligstuben wie im →*Königspesel* und in den kleinen Museen auf Langeneß zum Beispiel oder der Wal auf der Kanzeltür in der Hooger Kirche. „Redende Steine", die vom Leben der Seefahrer erzählen, gibt es im Unterschied zu Amrum und Föhr auf den Halligen nicht, doch auf Föhr stehen einzelne Grabsteine für Halligfriesen.   ts

Seehunde

Die Seehunde (Phoca vitulina) gehören neben den Kegelrobben und Schweinswalen zu den Säugetierarten im Wattenmeer. Sie können bis zu 130 Kilogramm schwer werden und eine Länge von 1,80 Metern erreichen. Früher wurde auf sie auch von den Halligen aus Jagd gemacht. Die erlegten Tiere lieferten Tran und Felle. Die Halligleute, die die Rastplätze der Seehunde gut kannten, jagten selbst oder wurden von →Touristen als Führer angeheuert. In der zweiten Hälfte des 20. Jahrhunderts sank ihre Zahl rapide. Die Meeresverschmutzung und Krankheiten machten ihnen zu schaffen. Inzwischen hat sich ihre Situation deutlich verbessert. Der Seehund unterliegt dem Jagdrecht. Er wird seit 1974 in Schleswig-Holstein nicht mehr bejagt, sondern unterliegt einer ganzjährigen Schonzeit. Als verantwortliche Jagdaufseher für diese Wildart hat die Landesregierung in Schleswig-Holstein sogenannte Seehundjäger eingesetzt. Nur sie sind berechtigt, Jungtiere, die „Heuler", zu bergen und zur Seehundaufzuchtstation nach Friedrichskoog zu bringen. 2017 wurden im Wattenmeer vor Schleswig-Holstein über 8 000 Seehunde gezählt. Ein großer Teil von ihnen nutzt die Flächen auf den →Außensänden für Ruhephasen. Während der Ebbe sind sie auch zahlreich auf den trockenfallenden Sandbereichen zwischen Hooge und Langeneß zu beobachten. hpz

Storm und die Halligen

In mehreren Gedichten und Novellen fing Theodor Storm (1817–1888) die Welt des Wattenmeers und seiner Halligen ein. „… wie Träume liegen die Inseln / im Nebel auf dem Meer", heißt es in seinem berühmten Gedicht „Meeresstrand" (1856). Seine 1873 erschienene Novelle „Eine Halligfahrt" handelt von einem Ausflug zu einer „Hallig des alten Nordfrieslands", womit

→Süderoog gemeint ist. Dabei entwickelt sich während eines Besuchs auf der Hallig zwischen zwei jungen Menschen eine Liebe, die aber nicht zur Erfüllung kommt. Die „Zauberinsel", wie er sie nennt, ist wohl als Symbol für verschiedene Stufen des Lebens zu sehen. Zunächst liegt sie da „wie im Märchen" und weist hin auf die Illusionen der Jugend. Der Bewohner der

Hallig indes hat sich davon frei gemacht, er ist vor den „Rädern der Staatsmaschine" geflohen, für ihn ist die kleine Insel ein „Ländchen der Freiheit", womit Storm wohl auf die politischen Ereignisse seit der Einverleibung Schleswig-Holsteins durch Preußen anspielt. Auf der fast als Utopia erscheinenden Hallig entsteht eine Unabhängigkeit des Denkens, schließlich eine mit Resignation und völliger Desillusionierung verbundene Freiheit des Alters. Auch in der häufig als „Nationalepos Nordfrieslands" bezeichneten Novelle „Der Schimmelreiter" spielt eine Hallig eine mystische Rolle: „Da geht ein Pferd – ein Schimmel – das muss der Teufel reiten – wie kommt ein Pferd nach Jevershallig?" Diese Hallig gibt es nicht mehr, sie ist seit 1905 ein Teil des damals eingedeichten Cecilienkoogs.   ts

Strandgut

Angeschwemmtes Treibgut, Teile von gestrandeten Schiffen oder über Bord gegangene Fässer und Kisten waren für die Halligleute früher ein wichtiger Teil ihrer Versorgung. Die Halligen sind fast baumlos. Nur auf den →*Warften* wachsen einige wenige Bäume und Sträucher. Darum galt angetriebenes Holz als wertvolles Baumaterial, das rasch in den Materialkreislauf der Hallig eingespeist wurde. Vor der Zeit der Container-Schifffahrt gingen immer wieder einzelne Teile der Ladungen über Bord, die dann an den Küsten des Wattenmeers aufliefen. Heute besteht das „Strandgut" zum allergrößten Teil aus Müll, Fischereinetzen und Plastikresten, die sich zu einem der größten maritimen Umweltprobleme entwickelt haben. Auf Hooge kann man auf der Hanswarft eine riesige Sammlung angeschwemmter Schuhe finden – in aller Regel Einzelexemplare. Zwischen dem Müll und Zivilisationsresten finden sich aber nach wie vor wahre Schätze wie Bernstein oder

Die riesige Sammlung angeschwemmter Schuhe auf der Hooger Hanswarft

besondere Muscheln und Tiere. 2017 beispielweise wurde auf der Hallig Hooge ein lebender Zirrenkrake (Eledone cirrhosa) angespült, der sich sonst nur in nördlicheren Gewässern aufhält.   hpz

Sturmfluten

Die Halligen sind „Kinder" von Sturmfluten. Acht von ihnen wuchsen nach der katastrophalen ersten „Mandränke" von 1362 in dem weiträumig zerstörten Wattengebiet auf. Die →*Hamburger Hallig* und →*Nordstrandischmoor* entstanden durch die zweite „Mandränke" 1634, als die hufeisenförmig in der Bucht vor Husum gelegene Insel Alt-Nordstrand zerstört wurde und in Nordfriesland mindestens 10 000 Menschen umkamen, weit über 100 davon auf den Halligen.

Immer wieder wurden sie von Sturmfluten heimgesucht. Viele Todesopfer forderte die „Weihnachtsflut" 1717. Allein auf Nordmarsch mussten an jenem Christfest 16 Menschen „jämmer-

Sturmflutpfahl auf Hooge

lich ertrinken", wie der dortige Pastor Lorenz Lorenzen schrieb. Ausführlich berichtete der Pastor auf Nordstrandischmoor, Heinrich Heimreich, Sohn des bekannten Chronisten, über die Unglücksnacht. Auf seiner Hallig ertranken 500 Schafe und 30 Kühe. Die 20 Häuser waren mit ein oder zwei Ausnahmen alle „sehr übel verwüstet" und „ganz durchlöchert". Heimreich berichtet: „Drei Häuser sind mit Menschen, Vieh und allem sich darin Befindlichen niedergeschlagen, weggeschwemmet und also 16 Personen erbärmlich umgekommen". Auch die Halligkirche wurde „ganz ruinirt". Der Pastor glaubte, der gerechte Gott lasse „die überaus hohen Wasser- und Sündfluten" „um der Menschen Sünde willen" geschehen. Nach der Flutnacht musste er mit seiner Familie noch eine Woche „in Kälte, Wind und Wetter" auf dem Heuboden ausharren. Wir „sind aus den Kleidern nicht gekommen, hatten fast nichts zu essen und zu trinken, weil Brot und Bier, Butter, Wein und Brantewein nebst Gewürz, Grütz, Weizenmehl, Sauer und Pökelfleisch ... weggeschwemmet war".

Besonders betroffen wurden die kleinen Eilande von der →*Halligenflut* im

Sturmflut vor Gröde

Februar 1825, als 74 Menschen umkamen. Bei der schweren Sturmflut am 16./17. Februar 1962 waren auf den Halligen – im Gegensatz zur Großstadt Hamburg – keine Todesopfer zu beklagen. Aber die Menschen erlebten eine Schreckensnacht, die meisten Häuser wurden zerstört, Möbel von den Wellen weggerissen, viele Schafe und Rinder ertränkt. Nach der Flut mussten Schiffe Trinkwasser auf die Halligen bringen, weil Zisternen und →*Fethinge* voll Salzwasser gelaufen waren. Die Neupeterswarf auf →*Langeneß* blieb seitdem unbewohnt. In der Folge wurden die →*Warften* verstärkt und die →*Häuser* mit Schutzräumen versehen.   ts

Betonpfeiler auf der Warft Süderhörn auf Langeneß

Süderoog

Die 62 Hektar große Hallig gehört zur Gemeinde Pellworm. Sie liegt rund fünf Kilometer südwestlich der Insel und kann zu Fuß über das Watt erreicht werden. Bekannt wurde Süderoog als →*Hallig der Jungs*. 1971 erwarb das Land Schleswig-Holstein die Hallig, 1977 wurde sie unter Naturschutz gestellt, seit 1985 ist sie Teil des →*Nationalparks Wattenmeer.*
Das Wohnhaus auf der einzigen →*Warft* ziert ein Schnitzwerk vom Heck der 1870 auf Süderoogsand gestrandeten spanischen Bark „Ulpiano". Zum Jahreswechsel 2012/13 wurden nahe der Bake auf Süderoogsand Reste des Wracks freigespült.
Für noch mehr Aufsehen in den Medien sorgte 2017 die Geschichte eines englischen Jungen aus Hull, der seine „Action-Camera" am Strand vergessen hatte. Diese wurde 600 Kilometer weit durch die Nordsee getrieben und auf Süderoog gefunden. Die Pächter

Das lang gestreckte Hallighaus auf Süderoog

Schnitzwerk von der Bark „Ulpiano". Das Original befindet sich jetzt auf Pellworm

Süderoogs stellten den auf der Kamera gefundenen Film ins Internet, und der Eigentümer wurde gefunden. Der Junge kam selbst auf die Hallig, um sie abzuholen. Die Post wird übrigens

mehrmals in der Woche von Knud Knudsen von Pellworm zur Hallig gebracht. Bis in den November hinein ist er barfuß und bei (fast) jedem Wetter unterwegs. Vor 2001 lief Heinrich Liermann 45 Jahre lang die Strecke.

Das derzeitige Pächterpaar bewohnt und bewirtschaftet die Hallig ganzjährig, und zwar nach ökologischen Gesichtspunkten. Seit September 2015 kann sich Süderoog als „Arche-Hof" bezeichnen. Damit wird die Haltung und Zucht von alten Tierrassen gewürdigt, die vom Aussterben bedroht sind. Die Pächter sind beim Landesbetrieb für Küstenschutz, Nationalpark und Meeresschutz angestellt und kümmern sich um den Erhalt der Hallig.

Zu den Aufgaben gehören der Küstenschutz, die Instandhaltung der Gebäude und die regelmäßigen Zählungen der auf der Hallig brütenden und rastenden Vögel. Außerdem werden Besucher bewirtet, die mit geführten →*Wattwanderungen* oder Ausflugsfahrten auf die Hallig kommen. Süderoog ist Schauplatz von Theodor →*Storms* Novelle „Eine Halligfahrt". Drei Kilometer südwestlich der Hallig liegt Süderoogsand, der größte der nordfriesischen →*Außensände*.   ts

Südfall

Die 0,5 Quadratkilometer große Hallig mit einer einzigen Warft liegt südwestlich von Nordstrand und wird seit 1957 vom Verein Jordsand zum Schutz der Seevögel betreut. Sie liegt in der Kernzone I des →*Nationalparks* und wird nur im Sommer bewohnt und bewirtschaftet. Die Hallig ist 2 Kilometer lang und wenige hundert Meter breit. In der Nähe verläuft die Norderhever, die das Wattenmeer Richtung Nordsee entwässert. Der frühere Name dieses Wattenstroms war „Fallstief". So erklärt sich wohl der Name der Hallig. Erreichbar ist sie während des Som-

Eine kleine Löfflerkolonie auf Hallig Südfall

merhalbjahres bei geführten →*Wattwanderungen* oder mit der Pferdekutsche von Nordstrand oder mit dem Schiff. An einem Tag dürfen während der Saison maximal 50 Personen die Hallig für einen kurzen Aufenthalt betreten. Auf der Hallig rasten im Frühjahr und im Herbst Tausende von →*Zugvögeln*. Hier brüten mehr als zehn Seevogelarten, darunter eine kleine Kolonie Löffler, eine Vogelart, die erst seit dem Jahr 2000 in das Wattenmeer einwanderte.

Fething auf Südfall

Südfall hat eine bewegte Geschichte. Jede der großen →*Sturmfluten* zerstörte ein Stück der direkten Umgebung. Bei der „Mandränke" im Jahr 1362 soll in der Nähe das sagenumwobene Rungholt versunken sein. Bei der Flutkatastrophe im Jahr 1634 starben auf Südfall 46 Menschen. Trotzdem blieb die Hallig weiterhin bewohnt. Die wenigen Bewohner ernährten sich von →*Landwirtschaft* und →*Fischerei*. Die →*Halligenflut* im Jahre 1825 brachte dann fast allen Bewohnern den Tod. In der Folge wechselte die Hallig mehrfach den Besitzer. Die bemerkenswerteste Bewohnerin war die →*Halliggräfin* Diana von Reventlow-Criminil. Das Land Schleswig-Holstein kaufte in den 1950er-Jahren die Hallig für 20 000 Deutsche Mark. Zwei Personen haben das Anwesen gepachtet, arbeiten im Küstenschutz und bewirten die Tagesgäste.

hpz

Tourismus

Schon bald seit der Gründung des ersten Nordseebads in Schleswig-Holstein 1819 kamen von Wyk auf Föhr und seit 1855 auch von Sylt Tagesausflügler in die entrückte Welt der Halligen. Die „Idylle" wurde dadurch allerdings erheblich gestört, was zum Beispiel der →*Maler* Jacob Alberts beklagte. Auch der Schriftsteller Wilhelm →*Lobsien* nahm Anstoß daran, dass die Tagestouristen die Halligen überschwemmten und „dreist durch die kleinen Fenster in die Stuben und Küchen glotzten". Auf Übernachtungsgäste war man noch kaum ein-

Tourismus heute: Die Adler-Express verkehrt mit Jet-Antrieb im Wattenmeer.

Bongsiel früher und heute

gestellt. Der Maler Otto Heinrich Engel notierte 1892: „Erst hieß es, auf Oland sei nur ein Bett für einen Fremden vorhanden, allmählich erinnerte sich die Frau noch an ein zweites."

Ein Urlaub auf den Halligen blieb bis in die 1960er-Jahre eher ein Abenteuer. Die engen Häuser, die mangelhafte Trinkwasserversorgung und die ungünstigen Verkehrsanbindungen verhinderten einen größeren Umfang des Tourismus. Im Jahr 1938 gab es auf →*Hooge* 20 bis 30 Gästebetten und 1200 Übernachtungen. Nach der →*Sturmflut* von 1962 wurden in den neuen Häusern Gästezimmer mit eingeplant. Im Jahr 1969 gab es schon 260 Betten und 16 000 Übernachtungen, 2014 dann 770 Betten mit 46 000 Übernachtungen. Auf →*Langeneß* waren es im selben Jahr 200 Betten mit 25 000 Übernachtungen. Für Hooge spielen die Ta-

gestouristen eine große Rolle. Die Idee des Tagesausflugs in die Halligwelt wurde um 1924 entwickelt. Zuerst brachte ein kleines Boot von Bongsiel wenige Gäste zu den Halligen. 1930 waren es dann schon sechs Schiffe, die über 7000 Menschen transportierten. Vom neuen Hafen →*Schlüttsiel* wurden 1978 sodann 120 000 Personen transportiert, 2014 gab es bereits 136 000 Tagesgäste. Alleine 90 000 Tagesbesucher werden jährlich auf Hooge gezählt.   ts/hpz

Tracht

Frauen und Mädchen auf den Halligen trugen traditionell eine Tracht. Einen Hinweis auf die älteste Form gibt ein Grabstein auf dem Friedhof St. Nicolai auf Föhr mit dem Bildnis einer 1604 gestorbenen Halligfriesin von der Warft Hilligenley. Mit zunehmendem Wohlstand durch →*Seefahrt* und Wal-

Beim Trachtenfest auf Hooge

fang wurde die Tracht prächtiger. Die heutige Form entstand wohl seit 1830 und hat starke Ähnlichkeit mit der auf der Insel Föhr, wohin enge Verbindungen bestanden. Der wertvolle Silberschmuck heißt auf Friesisch „salwertjüch". 1940 schrieb die Trachtenforscherin Anna Hoffmann: „Soweit überhaupt noch Tracht getragen wird, geschieht dies an Sonn- und Festtagen." Das Kopftuch gehöre jedoch zur Alltagskleidung. Auch später noch, so kann hinzugefügt werden, zeigten Frauen von der Hallig bei Fahrten zum Festland mit Stolz ihre Tracht. In der Gegenwart erlebt sie seit der Gründung einer Tanz- und Trachtengruppe auf →*Hooge* 1977 und auf →*Langeneß* 1993 eine kleine Renaissance. Alle zwei Jahre treffen sich beim „Hooger Trachtensommer" Gruppen aus der ganzen Region.

Wie die Tracht der „Eingeborenen" auf „Fremde" wirkte, hielt der Schriftsteller Christian Morgenstern (1871–1914) bereits zu Beginn des 20. Jahrhunderts in einer „Tagebuchnotiz" fest: *Ich höre Anreden von Fremden an Eingeborene wie die folgenden: „Sie tragen noch die alte Tracht; bleiben Sie ja dabei; ich sehe das zu gern;*

Wertvoller Silberschmuck

lassen Sie auch Ihre Kinder in dieser Tracht gehen!" Oder: „Nein, was ist Ihre Tochter ein schöngewachsenes Mädchen! Sehen Sie nur, meine Herren, dieses schmale Gesicht und dabei dieses kleidsame Mieder ..." Als ob diese Halligbewohner, diese Nachkömmlinge der alten Friesen, Schau-stücke eines Panoptikums wären; als ob sie nicht mit Fug herabsehen könnten auf diese zusammengewürfelte Gesellschaft halbkranker Groß- und Kleinstädter, die mit all ihrer „Bildung" nicht einmal wissen, wie ein Mensch einem Menschen gegenüberzutreten hat. ts

Typisch Hallig?

„Wie öde ist es auf Hallig Gröde?" Unter diesem Titel erschien vor einigen Jahren eine Reportage der Sylter Journalistin Wiebke Stitz. Sie hielt fest: „Hier fühlt es sich an, als ob man aus der hektischen Welt einfach herausgefallen wäre." Gäste nähmen von der Hallig Abschied, „erfüllt von der Erkenntnis, dass ein Sich-einlassen auf die Macht der Natur, auf Ebbe und Flut und das Miteinander der wenigen Menschen sie erdet und beruhigt. Öde fanden sie die Zeit auf der Hallig ganz sicher nicht."

In der Zeitschrift mare berichtete 2017 ein junger Mann aus Köln von einer Musikfreizeit auf einer Hallig: „Als ich Hooge zum ersten Mal sah, staunte ich. Ein baumloses Stückchen Erde mitten im Meer. Grün behaart und platt wie ein Blatt Papier. ... Die Warften sahen aus der Ferne aus wie Maulwurfshügel." Hier auf der Hallig überwindet er seine Schüchternheit, die ihm in Köln so große Probleme bereitete. „Ich bin mir sicher. Es war ... die Abgeschiedenheit dieser Hallig, die einsame Lage inmitten der Nordsee, die mir die Sicherheit und den Mut gaben, aus mir herauszukommen. ... Dafür werde ich dir, liebe Hallig Hooge, ewig dankbar sein."

Die junge Anthropologin Wienke Reimer, die Forschungen für ihre Master-Arbeit auf Hallig →Hooge anstellte, brachte ihre Beobachtungen auf den Nenner: „Is' nun mal so!" Auf diese Einstellung traf sie immer wieder. Auch ein →„Landunter" wird akzeptiert. Wenn die Fähre anstelle einer knappen Stunde drei Stunden benötigt, lässt sich das nun einmal nicht ändern. „Auf Hooge habe ich gelernt", bilanzierte sie, „dass Leben auch anders sein kann als zu versuchen, schnellstmöglich durch den Verkehr zu kommen. Das Besondere auf Hooge ist, dass das Unberechenbare und Ungewisse im Alltag akzeptiert und eingeplant ist."

Die Akzeptanz des Unvermeidlichen, eine besondere Form der Gelassenheit – vielleicht ist das eine durch die Jahrhunderte gewachsene Tugend der Menschen auf den Halligen.   ts

Verschwundene Halligen

Mehrere Halligen sind im Laufe der Jahrhunderte im Wattenmeer entstanden und wieder verschwunden. Wie viele es genau waren, ist kaum zu ermitteln. Von der Nordsee nach und nach fortgespült wurden noch im 19. Jahrhundert etwa die Beenshallig und die Hainshallig, auch Oselichshallig genannt. Zuletzt verschwand um 2000 die zu Dänemark gehörige Hallig Jordsand, die östlich von List auf Sylt lag und heute nur noch eine Sandbank ist.

Andere Halligen wuchsen mit benachbarten Eilanden zusammen: Appelland mit →Gröde, Nordmarsch und Butwehl mit →Langeneß. Die östlich von Nordstrand gelegene Pohnshallig wurde in den Jahren nach dem Ersten Weltkrieg eingedeicht und ist seitdem ein Teil Nordstrands.

Mehrere Halligen, die nach der Sturmflut von 1362 entstanden

waren, wurden durch Deichbauten mit dem Festland verbunden, so Ockholm 1515, Fahretoft 1686 und Dagebüll 1703. Noch heute prägen viele →Warften die dortige Landschaft. Die Jacobshallig ging 1905 in den Cecilienkoog vor Bredstedt auf. Südwestlich von Husum wurde 1934/35 im Rahmen der nationalsozialistischen Landgewinnungspolitik die Finkhaushallig eingedeicht. Der Name Finkhaushalligkoog ist – ebenso wie Pohnshalligkoog – eigentlich paradox, denn nach der Eindeichung gibt es die Hallig ja nicht mehr. Auch andernorts erinnern Ortsnamen daran, dass hier einstmals eine Hallig lag. ts

Warft in Fahretoft

Warften

Der Begriff leitet sich von „werfen" ab. Schon die ersten Siedler im frühen Mittelalter bauten ihre →*Häuser* auf aufgeschütteten Erdhügeln. Warften wurden direkt neben Prielen angelegt, um die Wasserläufe als Transportweg zu nutzen. Beim Bau wurden ein →*Fething* und der Sood zur Wasserversorgung mit eingebaut. Das Baumaterial wurde dem Halligland entnommen. Nach der Ablagerung der Erde und der Abdeckung mit Grassoden konnte der Bau des →*Häuser* beginnen. Benannt wurde die Warft oftmals nach dem Erbauer.

Bauarbeiten zur Warfterhöhung auf der Hooger Hanswarft, 2019

Die Warft Mitteltritt auf Hooge

Der durch den →*Klimawandel* bedingte Anstieg des Meeresspiegels führt dazu, dass die Warften immer wieder aufwendig erhöht und verstärkt werden müssen. Dieser Vorgang wird „Aufwarftung" genannt. Zuerst wird die alte Böschung abgebaggert. Nach dem Mutterboden wird der Unterbau abgetragen, der aus

Klei, entwässertem Schlick, besteht. Es handelt sich dabei um ein besonders feines Material, das fast an Ton erinnert. Mit dem Klei wird dann ein Wall rings um die Warft aufgeschüttet. Dadurch entsteht vor dem Wall ein breiter Graben, in den Sand zum Neuaufbau der Warftböschung eingespült werden kann. Der erforderliche Sand für die Baumaßnahmen wird im Watt vor der Hallig abgebaut und zur Warft gebracht. Wenn der neue Sandkern fertig gestaltet ist, wird der alte Kleiboden in einer Stärke von einem Meter wieder auf den Sand gesetzt. Am Ende wird der neue, erhöhte Warfthang mit Grassamen eingesät.

hpz

Watt und Wattwanderung

Die Wattgebiete, die etwa alle sechs Stunden trockenfallen und wieder überflutet werden, umfassen vor der dänischen, deutschen und niederländischen Küste fast 4 000 Quadratkilometer. Es gibt weltweit kein vergleichbares Wattenareal. Drei Viertel des Watts bestehen komplett aus Sand. Dazu kommen sechs Prozent Schlick-watt. Das sind Bereiche mit einem hohen Lehm- und Tonanteil. Feinste Schwebeteilchen setzen sich an strömungsarmen Stellen ab und lagern sich im Verlauf der Zeit in hohen Schichten ab. Bei Wattwanderungen sind das die Abschnitte, die nur ein sehr beschwerliches Fortkommen ermöglichen.

Der Übergangsbereich zwischen Sand und Schlick nimmt 20 Prozent der Fläche ein.

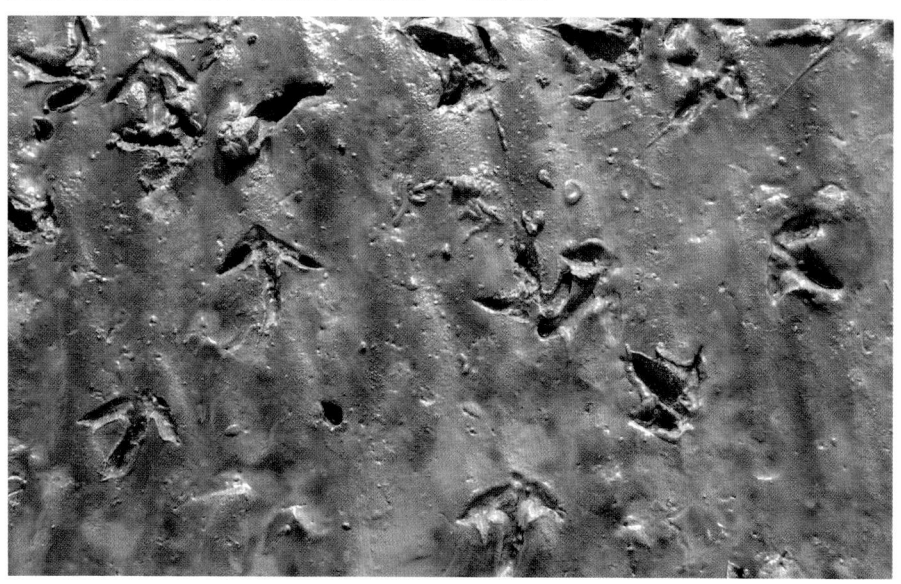

Wattwanderung vor Südfall im Rungholt-Gebiet

Während früher das Überqueren des Watts nur ortskundige Einheimische wagen konnten, wird es seit den späten 1960er-Jahren auch als touristisches Erlebnis möglich. Über den Meeresboden zu laufen und zu Fuß von einer Hallig zu anderen zu gelangen, ermöglicht ein neues Verständnis für den Lebensraum und die Weite des Watts. Wattwandern ist „in". Im Jahr 2016 nahmen im →*Nationalpark* Schleswig-Holsteinisches Wattenmeer an 5900 Wattwanderungen über 140 000 Menschen teil. Auf →*Hooge* bietet die Naturschutzgesellschaft Schutzstation Wattenmeer Touren zum Japsand und nach der Brutsaison nach →*Norderoog* an. Weiterhin gibt es von Hooge aus geführte Touren nach Pellworm. Auch auf →*Langeneß* und →*Oland* gibt es Wattführungen. Wanderungen vom Festland sind nach →*Gröde*, →*Oland* und →*Langeneß* sowie nach →*Nordstrandischmoor* möglich. Die Touren werden allerdings immer mehr durch eine wachsende Schlickschicht in Ufernähe behindert. Von Pellworm kann man nach →*Süderoog* gelangen und von Nordstrand gibt es Angebote für Wanderungen und Kutschfahrten nach →*Südfall*. Auf alle Fälle ist zu beachten, dass ein Betreten des Wattgebietes im Nationalpark nur mit Begleitung eines zertifizierten Führers oder einer Führerin möglich ist.   hpz

Winter

Wenn in früheren Jahrhunderten der Winter kam, drohten auf den Halligen →*Sturmfluten* und →*Landunter*. Wenn es sehr kalt wurde, fror das Watt komplett durch und das Nordseewasser gefror. Durch Ebbe und Flut wurde das Eis immer wieder zerrissen und stapelte sich in großen Eisschollen in den Prielen. Manchmal wurden Eisboote mit starken Planken, Kufen und einem eisernen Kiel eingesetzt. Die Halligen waren in strengen Wintern aber oft für Tage oder Wochen vom Festland abgeschnitten und blieben ohne Post und Nachrichten. So feierten die Bewohner von Hooge am 22. März 1888 bei Teepunsch fröhlich den Geburtstag des Kaisers Wilhelm I., der aber bereits am 9. März das Zeitliche gesegnet hatte. Die Halligbewohner bereiteten sich auf die Situation vor. Sie lagerten Heu, Stroh, Korn, Rüben und gesalzene Krabben ein. Außerdem musste ein ausreichender Vorrat an →*Ditten* und Petroleum vorhanden sein. Bei größeren Unfällen war keine Hilfe von außen möglich. Dieser Umstand galt noch bis in die Gegenwart hinein. Denn bei starkem Eisgang kam auch

Eisschollen im Wattenmeer

ein Seenotrettungskreuzer nicht mehr zu den Halligen durch. Noch im Frühjahr 2010 musste das Versorgungsschiff 100 Meter vor dem Anleger von Hooge seine Fahrt wegen Eisgangs abbrechen. In der neueren Zeit können bei guter Sicht Hubschrauber einspringen. Als besonders strenge Winter sind die der Jahre 1929 und 1947 im Gedächtnis geblieben. Im Februar und März 1947 brachten Lastwagen dringend benötigte Nahrungsmittel über das Eis auf die Inseln und Halligen. Im Winter 1963, als das Wattenmeer wieder zugefroren war, wurde viel Material transportiert, das nach der Sturmflut 1962 für den Hausbau benötigt wurde. Mancher befuhr damals auch zum Spaß mit seinem Auto das Wattenmeer. hpz/ts

Zugvögel

Im Wattenmeer rasten mehr als 41 Vogelarten. Dazu gehören unter anderem Vertreter der Gänse, Enten, Watvögel, Möwen und Seeschwalben. Manche dieser Arten wie →*Ringelgans*, Knutt, Kiebitzregenpfeifer, Pfuhlschnepfe und Alpenstrandläufer kommen im Frühjahr und Herbst mit ihrem gesamten Weltbestand auf ihrem Zug durch das Wattenmeer. Manchmal können diese Vogelschwärme viele hunderttausend Individuen zählen. Oft entsteht der Eindruck eines riesigen Organismus, der in der Luft ständig seine Form verändert. In diesen Schwärmen gibt es keine Leittiere. Jedes Tier orientiert sich lediglich an den Bewegungen seiner direkten Nachbarn.

Den Halligen kommt im Rahmen des jährlichen Vogelzuges eine zentrale Bedeutung zu. Viele Vögel weichen während ihres Aufenthaltes von der Küste auf die Halligen aus, da sie dort einen geschützten Rastplatz bei Hochwasser finden. Ohne Fressfeinde wie Füchse, Marder, Waschbären oder freilaufende Katzen können die Tiere gefahrlos ausruhen. Die Dämme nach →*Langeneß* und →*Nordstrandischmoor* sind mit flutsicheren Fallen für Füchse oder Waschbären ausgestattet. Außerdem sind die Wattflächen rund um die Halligen und die →*Außensände* bei Ebbe schnell zur Nahrungssuche zu erreichen.

Einer der Symbolvögel für die Halligen ist die Ringelgans, der auf den Halligen →*Hooge* und →*Langeneß* in jedem Frühjahr eine besondere Veranstaltung gewidmet ist. Im Rahmen der „Ringelganstage" werden dort vielfältige Vorträge und Aktionen zum Thema angeboten.   hpz

Ringelgänse. Nächste Doppelseite: Pfuhlschnepfen

Literaturangaben

Hans Christian Andersen: Die beiden Baroninnen. Nordfriesland im Roman, Band 10. Herausgegeben von Arno Bammé und Thomas Steensen, Husum 2017.

Boy-Peter Andresen und Gerd Kühnast: Sie überstanden die große Flut 1825. Eine besondere Chronik der Hallig Langeneß, Bräist/Bredstedt 2014.

Rolf Dircksen: Die Insel der Vögel, Detmold 1960.

Ulf Hahne u. a.: Die Halligen Hooge und Gröde. Eine wirtschafts- und sozialgeographische Untersuchung, Flensburg 1990.

Die Halligen. Vom schönen Leben in der Einsamkeit. In: mare, Nr. 122, Juni/Juli 2017.

Willi Hansen: Die Halliggräfin von Südfall, Nordstrand 2008.

Das Hooger Kochbuch, Koken & Backen as fröher op de Hallig, 3., durchgesehene Aufl., Husum 2014.

Gertrude von Holdt-Schermuly: Über allem der Himmel, Husum 2014.

Hans von Holdt: Auf den Spuren des alten Hooge, Breklum 1990.

Christiane Jenemann: Halliglüüd. Erzähltes Leben, Nörvenich 2011.

Fritz Karff: Aus der Chronik der Hallig Nordstrandischmoor, Rendsburg 1960.

Günter Klatt: Süderoog. Hallig im Wattenmeer. Mit einem Beitrag von Martin Stock, Bräist/Bredstedt 2016.

Hans Joachim Kühn: Vom Bohls-Interessenten zum Grundeigentümer. Vor 70 Jahren endete die Allmendewirtschaft auf Hallig Hooge. In: Nordfriesland 173 (März 2011).

Hans Joachim Kühn, Siegfried Baudewig, Ilona Hinz: Ein Jahrhundert Deichbau – Küstenschutz auf Hallig Hooge, Breklum 2013.

Jutta Kürtz: Kleines ABC des schleswig-holsteinischen Wattenmeers, Husum 2006.

Karl Ernst Laage: Theodor Storms Halligwelt und seine Novelle „Eine Halligfahrt", Heide 2004.

Willy Latten: Die Halligen. Ein soziologischer Bericht (1929). Mit einem Vorwort von Johann Jessen. In: Nordfriesisches Jahrbuch 43 (2008).

Georg Kullik, Robert Brauer: Südfall. Die Geschichte einer Hallig, 2. Aufl., Plön 1986.

Klaus Lengsfeld (Hrsg.): Halligleben um 1900, Heide 1998.

Wilhelm Lobsien: Landunter. Halligroman. Nordfriesland im Roman, Band 11. Hrsg. von Arno Bammé und Thomas Steensen, Husum 2018.

Jens Lorenzen: Die Sprachverhältnisse auf den Halligen. Eine Statistik für das Jahr 1972. In: Nordfriesland, 23/24 (Oktober 1972).

Jens Lorenzen: Deutsch – Halligfriesisch. Ein Wörterbuch. Tutsk – freesk. En üürdebök. 6000 Vokabeln Halligfriesisch mit Texten aus dem 17. bis 20. Jahrhundert, Bräist/Bredstedt 1977.

Jens Lorenzen (Hrsg.): Die Seefahrtsepoche der Halligen. Eine Sammlung von Berichten über die Lebensverhältnisse auf den Halligen in der Zeit vom 17. bis zum 19. Jahrhundert, Hamburg 1983.

Jens Lorenzen: Die Hallig Nordmarsch-Langeneß in alten Bildern. Eine Fotodokumentation über die Lebensverhältnisse auf der größten Hallig Nordfrieslands in der ersten Hälfte des 20. Jahrhunderts, 2. erw. Aufl., Hamburg 1989.

Jens Lorenzen (Hrsg.): Drei Hallig-Beschreibungen aus der Zeit um 1800. Hooge 1794, Nordmarsch 1807, Gröde 1814, Bräist/Bredstedt 1990.

Jens Lorenzen: Die Halligen in alten Abbildungen. Eine Fotodokumentation über die Warften aus der 1. Hälfte des 20. Jahrhunderts, eingeleitet mit historischen Karten, Bredstedt 1992.

Jens Lorenzen: Die Halligkirchen in alten Aufnahmen, Bräist/Bredstedt 1993.

Lorenz Lorenzen: Genaue Beschreibung der wunderbaren Insel Nordmarsch 1749. Aus der Handschrift neu herausgegeben von Jens Lorenzen, Hamburg 1982.

Dirk Meier, Hans Joachim Kühn, Guus J. Borger: Der Küstenatlas. Das schleswig-holsteinische Wattenmeer in Vergangenheit und Gegenwart, Heide 2004.

Theodor Möller: Die Welt der Halligen, 2. Aufl., Neumünster 1931.

Albert Panten, Hubertus Jessel: Das Biikebrennen der Nordfriesen, 5. Aufl., Husum 2019.

Friedrich Paulsen: Aus meinem Leben. Vollständige Ausgabe. Hrsg. von Dieter Lohmeier und Thomas Steensen, Bräist/Bredstedt 2008.

Albert Petersen: Arnold Amsinck. Nordfriesland im Roman, Band 9. Hrsg. von Arno Bammé und Thomas Steensen, Husum 2015.

Karl Petersen: Bewohnte Wellenbrecher. Zur Geschichte der Halligsanierung. In: Nordfriesland 108 (Dezember 1994).

Marcus Petersen: Die Halligen. Küstenschutz – Sanierung – Naturschutz, Neumünster 1981.

Fiete Pingel: Leben mit Landunter: die Halligen. In: Thomas Steensen (Hrsg.): Das große Nordfriesland-Buch, Hamburg 2000.

Georg Quedens: Die Halligen, Breklum 1975.

Karsten Reise (Hrsg.): Kurswechsel Küste – Was tun, wenn die Nordsee steigt? Kiel/Hamburg 2015 (mit Luftbildern von Alex S. MacLean).

Guntram Riecken: Die Halligen im Wandel, Husum 1982.

Wienke Reimer: „Is' nun mal so!" Wie eine Anthropologin das Leben auf einer Hallig erforscht. In: Nordfriesland 198 (Juni 2017).

Martin Rheinheimer: Ipke und Angens. Die Welt eines nordfriesischen Schiffers und seiner Frau (1787–1801), Stuttgart 2016.

Martin Rheinheimer: Die Personennamen auf den nordfriesischen Inseln Amrum und Hooge im 18. Jahrhundert. In: Klaar kiming. Festschrift für Thomas Steensen, Bräist/Bredstedt 2018.

Elfriede Rotermund: Godber Godbersen. Ein Halligroman. Nordfriesland im Roman, Band 2. Hrsg. von Arno Bammé und Thomas Steensen, Husum 2008.

Elfriede Rotermund: Wunder der Weihnacht, Husum 2009.

Günter Schirrmacher: Hallig Hooge, Breklum 1973.

Brigitta Seidel: Nordfrieslands Insel- und Halligkirchen, Husum 2007.

Jes Siemsen: Beschreibung der Hallig Nordmarsch, 1807. In: Jens Lorenzen (Hrsg.): Drei Hallig-Beschreibungen aus der Zeit um 1800. Hooge 1794, Nordmarsch 1807, Gröde 1814, Bräist/Bredstedt 1990.

Robert Stadelmann: Den Fluten Grenzen setzen, Husum 2008.

Thomas Steensen: Schlüttsiel – Hafen für die Halligwelt. In: Nordfriesland 152 (Dezember 2005).

Thomas Steensen: Im Zeichen einer neuen Zeit. Nordfriesland 1800 bis 1918. Geschichte Nordfrieslands. Teil 4, 4. Aufl., Bräist/Bredstedt 2009.

Thomas Steensen: Geschichte Nordfrieslands von 1918 bis in die Gegenwart. Geschichte Nordfrieslands. Teil 5, 4. Aufl., Bräist/Bredstedt 2008.

Thomas Steensen: Der „Halligdichter" Wilhelm Lobsien. In: Natur- und Landeskunde. Zeitschrift für Schleswig-Holstein, Hamburg und Mecklenburg 125 (2018), Nr. 10–12.

Thomas Steensen (Hrsg.): Nordfriesisches Weihnachtsbuch, Husum 2018.

Theodor Storm: Eine Halligfahrt, Husum 2000.

Frank und Jennifer Timrott: Halligen – Entdecken und erleben, Neumünster 2013.

Eugen Traeger: Die Halligen der Nordsee, Stuttgart 1892.

P. F. Weckmann-Wittenburg: Norderoog – Ein deutsches Vogelparadies, Berlin-Lichterfelde 1922.

Irene Ziehe (Hrsg.): Insel-Alltag. Island Life, Husum 2017.

Marianne Zückler: Der Blanke Hans und seine Frauen, Husum 2015.

Film

Halligleben in alter Zeit. Ein Filmdokument von Langeneß aus dem Jahr 1936. Hrsg. vom Landesfilmarchiv Schleswig-Holstein und dem Nordfriisk Instituut, Schleswig und Bräist/Bredstedt 2015.

Inhalt

Umschlag: Hallig Gröde; Seite 2/3: Kirchwarft auf Hooge, Seite 4/5: Hallig Gröde.
Seite 50: Sammlung Nordfriisk Instituut, Seite 81: Nordfriesland Museum. Nissenhaus Husum,
   Karte Seite 89: Nationalparkverwaltung/LKN.SH.

Für Unterstützung und hilfreiche Hinweise sei gedankt Prof. Dr. Nils Århammar, Werner Heitmann,
   Barbara Kirstein (Nordfriesland Museum), Michael Klisch, Fiete Pingel, Almut Ueck (Kreisarchiv
   Nordfriesland). Den ganzen Text haben dankenswerterweise Henning Bunte, Dr. Günter Klatt,
   Regina Weber-Ziemek und Dr. Anna-Katharina Wöbse (Universität Gießen) gegengelesen. Dank
   auch an die Reederei „Adler-Schiffe" für die Unterstützung des Fotografen.

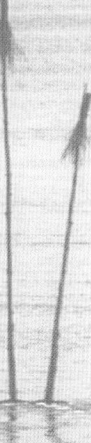

Bibliografische Information der Deutschen Nationalbibliothek
Die Deutsche Nationalbibliothek verzeichnet diese Publikation in der Deutschen Nationalbibliogra-
fie; detaillierte bibliografische Daten sind im Internet über http://dnb.dnb.de abrufbar.

Autoren
Prof. Dr. Thomas Steensen, 1987–2018 Direktor des Nordfriisk Instituut,
Honorarprofessor an der Europa-Universität Flensburg, seit 2019 Vorsit-
zender der Gesellschaft für Schleswig-Holsteinische Geschichte.

Prof. Dr. Hans-Peter Ziemek, Professor für Biologiedidaktik an der Jus-
tus-Liebig-Universität Gießen, arbeitet für die Naturschutzgesellschaft
Schutzstation Wattenmeer und ist häufiger Gast auf der Hallig Hooge.

Günter Pump machte sich als Fotograf mit zahlreichen Bildbänden, Ka-
lendern und Kochbüchern, davon weit über 100 in der Verlagsgruppe
Husum, einen Namen.

Layout: Günter Pump

© 2019 by Husum Druck- und Verlagsgesellschaft mbH u. Co. KG,
   Husum
Gesamtherstellung: Husum Druck- und Verlagsgesellschaft
Postfach 1480, D-25804 Husum – www.verlagsgruppe.de
ISBN 978-3-89876-955-6

Die zehn Halligen (Einwohnerzahlen 2019):

Langeneß (friesisch: di Nees),
Fläche: 11,57 km^2, 100 Einwohner

Hooge (di Huuge),
5,78 km^2, 110 Einwohner

Gröde (di Grööe),
2,52 km^2, 9 Einwohner

Oland (Ualöön),
2,01 km^2, 25 Einwohner

Nordstrandischmoor (Litj Möör),
1,9 km^2, 24 Einwohner

Hamburger Hallig (Hamborjer Hali),
1,1 km^2, nur zeitweise bewirtschaftet

Süderoog (Saruug),
0,62 km^2, 3 Einwohner

Südfall (Sufaol),
0,56 km^2, nur im Sommerhalbjahr bewohnt

Norderoog (Noorderuug),
0,09 km^2, nur im Sommer bewohnt

Habel (Haabel), 0,074 km^2,
nur im Sommer bewohnt

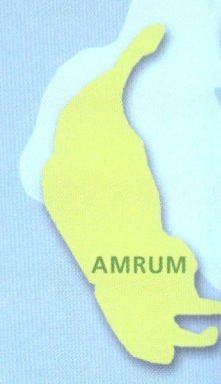

AMRUM